*La teología feminista en la historia*

FRAGMENTOS, 3

*Teresa Forcades i Vila*

# LA TEOLOGÍA FEMINISTA EN LA HISTORIA

**FRAGMENTA EDITORIAL**

Título original   LA TEOLOGIA FEMINISTA
EN LA HISTÒRIA

Publicado por   FRAGMENTA EDITORIAL, SLL
Plaça del Nord, 4, pral. 1.ª
08024 Barcelona
www.fragmenta.es
fragmenta@fragmenta.es

Colección   FRAGMENTOS, 3

Traducción   JULIA ARGEMÍ

Primera edición   MARZO DEL 2011

Producción editorial   IGNASI MORETA
Producción gráfica   INÊS CASTEL-BRANCO

Impresión y encuadernación   ROMANYÀ VALLS, SA

© 2007   TERESA FORCADES I VILA
por el texto

© 2011   JULIA ARGEMÍ MUNAR
por la traducción del catalán

© 2011   FRAGMENTA EDITORIAL
por esta edición

Depósito legal   B. 9.867-2011
ISBN   978-84-92416-39-4

PRINTED IN SPAIN

# ÍNDICE

# INTRODUCCIÓN

En el año 1641, la filósofa y teóloga Anna Maria van Schurman, conocida entre sus contemporáneos como la *Minerva holandesa* y considerada la mujer más culta del siglo XVII, escribió:

> Todo lo que conduce a la verdadera grandeza del alma es apropiado para una mujer cristiana [...]. Todo lo que perfecciona y honra el intelecto humano es apropiado para una mujer cristiana [...]. Todo lo que abre la mente hacia un placer nuevo y honesto es apropiado para una mujer cristiana.

«El cielo es el límite» es la expresión que van Schurman utilizó en una carta dirigida a la también filósofa y teóloga francesa Marie de Gournay, en defensa del acceso de las mujeres al estudio de las ciencias sin ningún tipo de restricciones. Van Schurman dominaba el álgebra, la aritmética, la geometría y la astronomía, pero ante todo era teóloga. Para ella, la expresión «el cielo es el límite» significaba que el criterio último es

Dios y no las costumbres o las conveniencias humanas. Es decir: es Dios quien ha formado a su imagen tanto a la mujer como al hombre, y los ha hecho seres racionales para que le alaben por medio de la creación; las capacidades de cada persona son un don que Dios le ha dado y del que Dios la ha hecho personalmente responsable (parábola de los talentos, Mt 25,14-30); vivir humanamente, vivir cristianamente, significa responder con toda gravedad y responsabilidad al don de Dios en nosotros, cultivando fielmente hasta el límite los propios talentos para así alabarle.

«El cielo es el límite.» Pero los límites prácticos de van Schurman —igual que los de la mayoría de las mujeres de hoy en día— fueron, como veremos, sus dos tías enfermas, a quienes cuidó personalmente durante más de veinte años (véase Mt 25,31-46).

René Descartes, contemporáneo de van Schurman —como ella, residente en Holanda y amigo suyo hasta que declaró que la Biblia no contenía «ideas claras y distintas» y que, por tanto, no podía fundamentar ninguna filosofía coherente—, le aconsejaba que dejara a sus tías y se dedicara de lleno a la filosofía. El mismo consejo daba Descartes a otra amiga por la que sentía un gran respeto intelectual, la princesa Elisabeth de Bohemia, cuando esta le hablaba de los problemas que tenía para arreglar un matrimonio favorable para sus hermanas o para defender a uno de sus hermanos de una acusación de homicidio. Elisabeth de Bohemia mantuvo correspondencia regular con René Descartes y con Anna Maria van Schurman y, tal como veremos, también protegió a van Schurman al final de su vida. Descartes dijo de ella que era la única persona que había entendido su nueva filosofía.

Elisabeth de Bohemia es considerada hoy como la crítica contemporánea más aguda de la filosofía cartesiana, especialmente en lo que se refiere a los límites de la dicotomía cuerpo-espíritu (*res extensa – res cogitans*) que se halla en el corazón de esta filosofía. Como respuesta a sus críticas, Descartes escribió el tratado *Les passions de l'âme*, que le dedicó en reconocimiento a su decisiva pregunta: «¿Cómo puede la mente dominar el cuerpo si ambas son dos sustancias completamente distintas? Si no tienen nada en común, ¿cómo puede una *afectar* a la otra, *mover* a la otra, ni que sea para dominarla?»

Van Schurman, por su parte, sin intentar responder directamente a Descartes, construyó una filosofía paralela que se oponía al subjetivismo del *cogito ergo sum* cartesiano (soy o existo porque pienso), con el objetivismo del *sum ergo cogito* (puedo pensar puesto que estoy hecha de una determinada manera, y «esta determinada manera de la que estoy hecha y que me permite pensar» precede a mi pensamiento). Sin el elemento objetivo, la filosofía pierde toda consistencia.

Descartes mismo afirma claramente en el *Discurso del método* que Dios es necesario para salvar las aporías de su sistema. Sin embargo, el Dios cartesiano —a diferencia del Dios de van Schurman y de Elisabeth de Bohemia— es *extrínseco* a la filosofía y la fundamenta solo desde fuera; la tutela —como si dijéramos— *desde arriba*, y prepara, de este modo, el camino de su (de Dios) eliminación definitiva.

Descartes, al igual que van Schurman y Elisabeth de Bohemia, no se casó nunca, pero —a diferencia de ellas— tampoco se sintió nunca directamente responsable del bienestar de sus familiares. Descartes tuvo una hija natural, Francine, que murió a la edad de cinco años. Su padre la quería mucho, pero nunca tuvo que preocuparse de sus necesidades físicas cotidianas. Para esto ya estaba su madre.

Anna Maria van Schurman, cuya obra y cuya vida formaron parte sustantiva de la historia intelectual del siglo XVII europeo, no aparece en los libros de teología. Para el pensamiento teológico es como si no hubiera existido nunca.

La definición escolástica de la teología es «fe que busca comprensión» (*fides quærens intellectum*). Recuperar la figura de van Schurman y de todas las mujeres que a lo largo de los siglos han hecho teología, es decir, que han reflexionado de manera sostenida y sistemática sobre su fe, es una de las tareas de la teología feminista en su vertiente histórica. En su vertiente filosófica, la teología feminista se pregunta por el *por qué*: ¿por qué han tendido a desaparecer de la historia las aportaciones intelectuales de las mujeres?

La respuesta no es fácil. No basta con contestar: «Porque los varones dominan la historia o el mundo y no han querido o no han podido preservar o tener en cuenta las aportaciones intelectuales de las mujeres.» ¿Es verdad que los varones dominan la historia o el mundo? ¿Por qué? ¿Es verdad que no han querido o no han podido preservar las aportaciones intelectuales de las mujeres o tenerlas en cuenta? ¿Por qué?

Y Dios, ¿qué dice a todo esto?

# ¿QUÉ ES LA TEOLOGÍA FEMINISTA?

Antes de analizar la presencia y el papel de la teología feminista en la historia, definiré de la manera más precisa que me sea posible —y con ejemplos concretos— el concepto de *teología feminista*.

La teología feminista es una teología crítica. La investigación crítica, sea del tipo que fuere —filosófica, histórica, social, literaria...—, se origina siempre a partir de una experiencia de contradicción. En el caso de la teología, la contradicción inicial se puede caracterizar de la manera siguiente:

1  Contradicción inicialmente vivencial

a  *Contradicción entre la vivencia que tiene una persona de sí misma en relación con Dios y la imagen de Dios o la interpretación teológica que esta persona ha recibido.*

*Ejemplo*: Una persona homosexual puede considerar correcto y querido por Dios el ejercicio de su sexualidad en determinadas circunstancias; la interpretación teológica que ha recibido, en cambio, puede considerar este ejercicio «intrínsecamente perverso» y siempre contrario a la voluntad de Dios.

*b   Contradicción entre la vivencia que tiene una persona en relación con Dios y un pasaje de los textos que su tradición religiosa considera sagrados.*

*Ejemplo*: Una mujer cristiana casada puede considerar contrario a la voluntad de Dios que su esposo se considere de algún modo superior a ella; en el Nuevo Testamento, en cambio, esta mujer encuentra escrito: «Que la mujer aprenda sin protestar y con gran respeto. No consiento que la mujer enseñe ni domine al marido, sino que debe comportarse con discreción. Pues primero fue formado Adán, y después Eva. Y no fue Adán el que se dejó engañar, sino la mujer que, seducida, incurrió en la transgresión» (1Tm 2,11-14; véase también, en este mismo sentido, 1Cor 11,13; Ef 5,22; Tit 2,5); incluso puede ocurrir que si esta mujer es católica y va a misa, le toque leer alguno de estos textos en una eucaristía y tenga que proclamar públicamente antes de volver a sentarse en su sitio que lo que acaba de leer es «Palabra de Dios».

2   Contradicción inicialmente intelectual

*a   Contradicción percibida entre dos aspectos de la tradición/interpretación recibida.*

Ejemplo: A una persona le puede parecer contradictorio que los sacerdotes o los religiosos y religiosas católicos que se desdicen de su compromiso puedan comulgar y que los divorciados católicos, en cambio, no puedan hacerlo.

*b   Contradicción percibida entre dos pasajes de los textos sagrados.*

Ejemplo: A una persona le puede parecer que Gal 3,28 contradice 1Cor 11,3 o Ef 5,22-24. En Gal 3,28 se afirma: «Ya no hay distinción entre judío y no judío, entre esclavo o libre, entre varón o mujer, porque todos vosotros sois uno en Cristo Jesús»; en cambio, en 1Cor 11,3 leemos: «Quiero, sin embargo, que sepáis que la cabeza de todo varón es Cristo, como la cabeza de la mujer es el varón, y la cabeza de Cristo es Dios»; y en Ef 5,22-24 encontramos: «Que las mujeres respeten a sus maridos como si se tratase del Señor; pues el marido es cabeza de la mujer, como Cristo es cabeza y al mismo tiempo salvador del cuerpo, que es la Iglesia. Y como la Iglesia es dócil a Cristo, así también deben serlo plenamente las mujeres a sus maridos.»

c   *Contradicción percibida entre una tradición/interpretación recibida y un pasaje de los textos sagrados.*

*Ejemplo*: Una tradición eclesial puede prohibir que las comunidades cristianas estén presididas por personas casadas y, en cambio, en la primera carta de Timoteo está escrito: «Pero es preciso que el obispo sea un hombre sin tacha, casado solamente una vez, sobrio, prudente, cortés, hospitalario, capaz de enseñar, no dado al vino, ni violento, sino ecuánime, pacífico, desinteresado; que sepa gobernar bien su propia casa, y educar a sus hijos con autoridad y buen juicio; pues si uno no sabe gobernar su propia casa, ¿cómo podrá cuidar de la Iglesia de Dios?» (1Tm 3,2-5)

La experiencia de contradicción, aunque pueda tener consecuencias muy positivas, no es cómoda ni agradable, y genera en el interior de la persona un dinamismo que tiende a su resolución:

1   En algunos casos, la tensión se resuelve cambiando la percepción de la persona.

a   *Cambio negativo: las contradicciones se niegan o se reprimen violentando la propia perspectiva, la propia experiencia o los propios sentimientos.*

*Ejemplo*: El caso de personas homosexuales que se han suicidado o que han explicado a posteriori las consecuencias negativas que ha tenido para ellas el esforzarse en convencerse a sí mismas de que la propia sexualidad era, de algún modo, «enfermiza», «desviada», «deficitaria», «intrínsecamente desordenada» o «no querida por Dios».

b   *Cambio positivo: las contradicciones se superan gracias a nuevas experiencias que hacen cambiar la perspectiva de la persona sin violentarla.*

*Ejemplo*: Cuando se acepta que el texto bíblico fue redactado bajo la inspiración de Dios —bondad y verdad absolutas—, pero pasando por mentes y corazones humanos —limitados en bondad y comprensión—, se puede aceptar el hecho de que la Biblia contenga pasajes que discriminan a las mujeres, a las personas homosexuales o a los enfermos de lepra, porque se ha comprendido que el hecho de que estos pasajes estén en la Biblia no significa que reflejen el pensamiento o la voluntad de Dios: la Biblia tiene que interpretarse en su conjunto y en el contexto de la comunidad de fe, la cual —como los autores bíblicos— también está inspirada por Dios, pero es limitada en bondad y comprensión, y —tal como declaró el papa Juan Pablo II en relación con la Iglesia católica— en cuestiones no dogmáticas ha cometido errores a lo largo de su historia.

2   En otros casos, la tensión interior se resuelve asumiendo en conciencia la responsabilidad de mantener la propia percepción y considerando que lo que tiene que cambiar es la interpretación teológica recibida.

*Ejemplo*: Esto es lo que hizo en el siglo XVII el teólogo alemán Friedrich von Spee, en su lucha contra la idea de que existían mujeres que habían tenido tratos —normalmente relaciones sexuales— con el demonio, y que eran brujas, y que la voluntad de Dios era que fueran torturadas y/o quemadas; esto es lo que hicieron también los esclavos negros norteamericanos en su lucha contra la esclavitud: los colonos blancos les habían anunciado el evangelio diciéndoles que el Dios de Jesús estaba a favor de su esclavitud; ellos leyeron el evangelio por su cuenta —y también con la ayuda de algunos cristianos cuáqueros— y comprendieron que el Dios de Jesús no estaba a favor de su esclavitud, sino de su liberación; en ambos casos, estas ideas, que hoy nos parecen básicas, fueron tachadas de extremistas, contrarias a la Biblia, la tradición, la evidencia científica, el bien común y/o la ley natural; en ambos casos, los que hicieron avanzar estas ideas tuvieron que estar dispuestos a pagar con su vida su atrevimiento.

El objetivo de la teología crítica es doble: pone en evidencia los aspectos de la interpretación recibida que generan contradicciones y busca ofrecer alternativas de interpretación teológicamente consistentes que permitan superar estas contradicciones. Como estas contradicciones a menudo están generadas por situaciones de discriminación o injusticia, a las teologías críticas se las llama *teologías de la liberación*.

La teología feminista es una modalidad de teología crítica o de la liberación. Normalmente, tienen que darse tres condiciones simultáneas para que podamos hablar de teología feminista o de teólogo o teóloga feminista:

1  *Experiencia de contradicción*: Una persona, no necesariamente una mujer, encuentra discriminatoria o injusta la manera que tiene su comunidad de fe de conceptuar teológicamente la identidad o la función social/eclesial de las mujeres.

2  *Toma de posición personal*: Esta persona llega a la conclusión —provisional y siempre abierta a la posibilidad de error— de que lo que tiene que cambiar no es su percepción, sino algún aspecto de la interpretación teológica recibida.

3  *Toma de posición institucional*: La institución que
   vela por la integridad doctrinal de la comunidad
   de fe a la que pertenece esta persona no está de
   acuerdo con su interpretación, lo que no significa
   —aunque puede suceder— que le prohíba investi-
   gar en este sentido.

El camino del teólogo o de la teóloga feminista es,
por tanto, necesariamente, un camino de lucha y de
reivindicación, pero esto no significa que tenga que
ser *solo* un camino de lucha o de reivindicación. No lo
es. También es, y desde el núcleo mismo de su compromiso, camino de gratuidad, de don, de sorpresas
y de regalos inesperados, de descubrimientos que en-
sanchan cada vez más el horizonte inicial, a veces mo-
dificándolo, a menudo dándole un sentido más pleno.
Es un camino de lucha y, sobre todo, es un camino
de solidaridad, de encarnación, de implicación en los
dolores y las alegrías de los que sufren rechazo o discriminación.

Con esto debería quedar claro que, aunque a veces
se han utilizado como si fueran términos sinónimos,
no es lo mismo la teología *femenina* que la teología
*feminista*. La perspectiva femenina, a diferencia de la
feminista, no nace necesariamente de una contradicción, ni se posiciona necesariamente de manera crítica
ante nadie. Una mujer que defienda la sumisión de las

esposas a sus maridos, por ejemplo, se puede decir que tiene una —de las muchas posibles— perspectiva *femenina*, pero no se puede decir que tenga una perspectiva *feminista*. Una mujer que defienda la sumisión de los maridos a sus esposas también tiene una —de las muchas posibles— perspectiva *femenina,* pero tampoco se puede decir que tenga una perspectiva *feminista*. La perspectiva feminista presupone que las mujeres y los varones hemos sido creados para establecer entre nosotros relaciones libres y recíprocas, sin sumisión ni dominio por parte de nadie.

Una segunda aclaración: que la contradicción originaria de donde nace la teología feminista haga referencia a la manera de conceptuar la identidad o la función de las mujeres no significa que las teólogas o los teólogos feministas se interesen solo por esto o que no perciban ninguna otra discriminación hecha en nombre de Dios. No se trata de excluir ninguna opresión ni de rivalizar por decidir cuál es la más importante: si la de los homosexuales, la de las mujeres, la de los pobres del Tercer Mundo, la de los pobres del Cuarto Mundo, la de los africanos, la de los inmigrantes, la de los llamados «indígenas», la de los disminuidos físicos o psíquicos… «Venid a mí todos los que estáis fatigados y agobiados, y yo os aliviaré», dice Jesús (Mt 11,28). Y la tradición de Israel lo concreta en las personas del «emigrante, el huérfano y la viuda» (Dt 24,17-22). Luchar por una de estas causas equivale a luchar por todas. La causa es la concreción —la encarnación— de la fidelidad a Dios en la propia vida, y cada una y cada uno debe encajar los retos que esto le suponga tal como vayan viniendo.

Por tanto, ya se ve que el peligro de una investigación teológica de estas características —apasionada y comprometida con la lucha social— es el *sesgo,* es decir, la *deformación* del material investigado en función de los propios intereses y objetivos o en función de las propias pasiones. Este peligro es real. No hay que negarlo. Hay que descubrirlo de entrada y hay que tomar las precauciones metodológicas necesarias para minimizarlo. Por ejemplo, en la utilización de las fuentes no hay que ocultar la información desfavorable; en las citas, no hay que aislar ninguna expresión de su contexto, de manera que se pierda el sentido de la autora o del autor original; hay que procurar presentar siempre las opiniones contrarias en su versión más sólida y atractiva…

Es importante hacer constar que no hay ninguna investigación teológica exenta de peligros. En contraposición con el peligro de sesgo/deformación interesada atribuible a la teología crítica o de la liberación, la teología que no tiene voluntad crítica corre el peligro de la falta de significación, de ser irrelevante, desencarnada.

## LA TEOLOGÍA FEMINISTA
## HA EXISTIDO DESDE QUE EXISTE
## LA TEOLOGÍA PATRIARCAL

Aunque no recibiera este nombre, lo que he definido en el capítulo anterior como *teología feminista* ha existido desde que existe la teología patriarcal. Es decir, desde que existe una teología —una reflexión sobre las propias creencias religiosas— que considera a las mujeres menos aptas que los varones para hablar de Dios, para presidir las ceremonias de culto o para dirigir las instituciones religiosas —esto sería la teología patriarcal—, han existido personas que se han opuesto a este orden de cosas —que son las teólogas y los teólogos feministas.

¿Desde cuándo se considera que las mujeres son menos aptas para hablar de Dios, para presidir el culto o para dirigir las instituciones religiosas? La mayoría de estudiosos están convencidos de que esta ha sido la situación desde siempre. Una minoría opina que pueden haber existido épocas de matriarcado en que fueran los varones los tenidos por inferiores religiosa y socialmente. El caso es que, aunque entre ellos presentan diferencias importantes y muy interesantes de analizar, la mayor parte de códigos religiosolegales del mundo antiguo que han llegado hasta nuestros días —por ejemplo, el código babilónico de Hammurabi del siglo XVII a. de C. o la ley hindú de Manu del siglo VII a. de C.— niegan a las mujeres el derecho a la propiedad, el derecho a la educación y el derecho a escoger o a repudiar al marido. Esta situación se ha mantenido básicamente inalterada hasta el siglo XX. En el siglo XXI, es aún la situación en la que viven —*de jure* o *de facto*— la mayoría de las mujeres del mundo.

Los códigos religiosolegales antiguos acostumbran a tipificar el matrimonio como un contrato entre dos varones: el futuro marido y el padre de la novia. La subjetividad y la libertad de la novia/esposa no se ven reconocidas en los artículos legales. Con una clara y universal excepción: los casos de adulterio.[1] En caso

1. Véase Marta ORTEGA, «¿Sí quiero? Causas de disolución del vínculo matrimonial en el Próximo Oriente Antiguo», I Jornada sobre Relaciones de Género «Las relaciones de dependencia e independencia entre hombres y mujeres a lo largo de la historia», Universitat Pompeu Fabra, Barcelona, 2005 (<http://www.upf.edu/iuhjvv/activitats/ponencia.pdf>, última consulta: marzo del 2011). Véase también Marta ORTEGA, «Delitos relacionados con la función procreadora femenina en las leyes del Próximo

de adulterio, los códigos conocidos no solo reconocen legalmente la plena subjetividad femenina, sino que tienden a afirmar que la mujer es más culpable —esto es, más libre, más responsable de sus actos— que el varón, al que se acostumbra a considerar víctima de los encantos y manipulaciones de ella (como ejemplo de cómo se concibe la subjetividad de los personajes femeninos y masculino en los casos de adulterio, contrástese en el Antiguo Testamento el relato de la mujer de Putifar y José —Gn 39,5-20— con el relato de Betsabé y David —2Sm 11,2-27).

En un estudio realizado en Inglaterra en el 2005, la tercera parte de los encuestados —varones y mujeres— respondió que las mujeres que sufren una violación normalmente tienen la culpa, porque la han provocado; por ejemplo, con la manera de ir vestidas. Tanto en las leyes antiguas sobre el adulterio como en las opiniones actuales de un tercio de los ingleses, la presuposición implícita contradice el discurso público sobre la masculinidad, ya que en ambos casos se presupone precisamente la debilidad —y no la fortaleza— de la subjetividad masculina, de su libertad, de su dominio de sí. En el Evangelio de Mateo, en cambio, Jesús presenta una imagen más positiva de la

Oriente antiguo», en Dolors MOLAS (ed.), *Violencia deliberada. Las raíces de la violencia patriarcal,* Icaria, Barcelona, 2007, pp. 71-88.

capacidad ética de los varones (Mt 5,28). En este pasaje, Jesús presupone que el varón tiene plena libertad ante la mujer y que, por tanto, su responsabilidad en el encuentro sexual no es en ningún caso inferior a la de ella.

El porqué de las desigualdades entre varones y mujeres que han perdurado en los códigos legales hasta nuestros días se suele situar o bien en la naturaleza —designio de Dios, ley natural— o bien en la cultura/historia. Según Friedrich Engels y el feminismo radical de izquierdas del siglo xx inspirado por él, la falta de reconocimiento legal de la plena subjetividad femenina ha estado históricamente asociada a la consolidación de un sistema económico basado en la propiedad privada: el control de la mujer (de su mujer) es el único medio que tiene el varón de asegurarse —siempre con un ineludible margen de error— que su propiedad pasará a sus hijos y no a los hijos de otro varón. Alexandra Kollontai, comisaria de Bienestar Social del Gobierno ruso de 1917, no solo teorizó sobre este punto en sus diversos escritos, sino que durante el ejercicio de su cargo introdujo medidas políticas destinadas a superar las desigualdades legales entre varones y mujeres; una de las primeras fue declarar la legitimidad —igualdad en el reconocimiento social— de todos los hijos de una mujer, independientemente de si el padre los reconocía o no.

Los códigos legales se elaboran en el seno de sociedades que tienen creencias religiosas que hablan de Dios y de lo que Dios quiere de nosotros. Desde siempre, algunas de las personas que se dedican a la teología han encontrado que su experiencia de la bondad y justicia de Dios contradecía las desigualdades sociales. En el siglo IV, por ejemplo, el obispo cristiano Gregorio de Nacianzo —venerado tanto en Oriente como en Occidente como santo y doctor de la Iglesia— denunció que las leyes contra el adulterio discriminan a las mujeres injustamente, porque están hechas por los varones a su conveniencia, y declaró esta doble moral incompatible con el designio de Dios:

> Respecto a la castidad, veo que los varones no están bien dispuestos a ella y que sus leyes son irregulares e injustas. ¿Qué razón hay para que estas leyes condenen en la mujer lo que toleran en el varón? La esposa que peca contra su marido es tachada de adúltera, y las penas que la ley le aplica son muy severas; mas si es el marido quien peca contra su mujer, no pasa nada. Yo no acepto esta ley. No apruebo esta costumbre. Esta ley está hecha por los varones y la han endurecido en lo que se refiere a las mujeres, ya que han dado la custodia de los hijos a los padres y han dejado a las madres sin nada. Dios no lo ha hecho así; Dios dijo: honrad al padre y a la madre.[2]

2. GREGORIO DE NACIANZO, *Orationes,* XXXVII, 6.

Y a pesar de todo, tanto en tiempos de Gregorio como hoy en día, encontramos también teólogos que no solo no consideran injustas las leyes desiguales entre varones y mujeres, sino que las defienden —o incluso intentan endurecerlas— en nombre de Dios. En palabras del teólogo cristiano Tertuliano (siglo III):

> [...] para que, recubierta con la túnica penitencial, la mujer expíe más plenamente lo que ha heredado de Eva: la ignominia del primer pecado y el odio de haber sido causa de la perdición de la humanidad. [...] Parirás a tus hijos con dolor; desearás a tu marido, y él te dominará (Gn 3,16). [...] ¿No sabéis que cada una de vosotras es una Eva? La condena de Dios sobre vuestro sexo perdura hasta hoy; la culpa tiene que perdurar también. [...] Vosotras sois la puerta del Diablo; vosotras sois las primeras desertoras de la ley divina; vosotras sois quienes sedujisteis a aquel a quien ni el Diablo se atrevió a atacar. Vosotras destruisteis como si nada la imagen de Dios: el varón. Por culpa vuestra, incluso el Hijo de Dios tuvo que morir.[3]

Hoy como ayer, para algunas personas que se dedican a la teología, las desigualdades sociales no representan ningún problema teológico. El pueblo del antiguo Israel, en cambio, fue extremadamente sensible a las

---

3. TERTULIANO, *Sobre la ornamentación de las mujeres* (196-212 d. de C.)

desigualdades sociales, puesto que había experimentado a Dios precisamente en la liberación de la esclavitud. Para el pueblo de Israel, Dios es alguien que está a favor del «emigrante, el huérfano y la viuda»: «[Dice Dios:] No molestes ni oprimas al forastero, porque vosotros también fuisteis forasteros en Egipto. No maltrates a la viuda y al huérfano; si los maltratas, clamarán a mí y yo escucharé su clamor.» (Ex 22,20-22; véase también Dt 27,19; Is 1,17 y Jr 22,3)

El código legal israelita introduce algunas mejoras a favor de las mujeres: en caso de adulterio, se considera al varón tan culpable como a la mujer (Lv 20,10). No obstante, la mayor parte de las desigualdades permanecen y se continúan justificando como ley divina: en el caso de la violación de una joven virgen, por ejemplo, el violador tiene que pagar al padre de la joven cincuenta monedas y, además, se tiene que casar con ella (Dt 22,28-29). La lógica que hay detrás de esta ley es —de acuerdo con la tesis de Engels— la de la propiedad estropeada: quien ha provocado el destrozo, que pague una compensación al propietario (el padre) y que se quede con el objeto estropeado (la joven). Se ignora la subjetividad y la experiencia de la mujer.

La ausencia de la subjetividad femenina es especialmente desgarradora en los textos bíblicos que la reconocida profesora de Sagrada Escritura Phyllis Trible denomina *textos de terror*, entre los que encontramos la violación de Dina, hija del patriarca Jacob (Gn 34), la violación de Tamar, hija del rey David (2 Sm 13), y la violación y asesinato de la mujer del levita (Jue 19). En estos tres casos —como en el caso de Helena de Troya— la intensidad del deseo que un varón siente por una mujer y/o la violencia sexual ejercida contra ella es presentada como causa de una guerra; en los tres casos, la subjetividad de la mujer es ignorada por el texto.

Como contraste, resulta particularmente significativo el testimonio del Evangelio de Juan: en su encuentro con la mujer acusada de adulterio, Jesús no solo no la condena, sino que señala el pecado de los que la acusan y querrían ejecutarla (Jn 8,1-11). Sus acusadores han puesto a la mujer en medio de la escena como excusa para conseguir un objetivo que no tiene nada que ver con ella (en el versículo 3, el sujeto es masculino y la mujer es el objeto: «la pusieron en medio de todos»). Cuando se queda sola con Jesús, la mujer sigue en medio, pero ahora no solo físicamente, sino en toda su subjetividad (en el versículo 9, el sujeto es femenino: «la mujer [...] continuaba allí delante de él»). Jesús se dirige directamente a ella y ella también toma la palabra (versículos 10 y 11). Jesús, que la acaba de salvar de la muerte, no la reduce por ello al estatus de víctima, sino que reconoce su responsabilidad, esto es, su plena subjetividad (versículo 11). Jesús da testimonio de que no son las mujeres las que han de estar al servicio de la ley —ni de los intereses de los demás—, sino que es la ley la que tiene que estar al servicio de las mujeres y de todas la personas sin excepción (al servicio de su bienestar, de su desarrollo, de su libertad, de su felicidad).

El Evangelio de Marcos nos ofrece el principio general: «El sábado ha sido hecho para el hombre, y no el hombre para el sábado» (Mc 2,27); y el Evangelio de Lucas describe un ejemplo de la aplicación de este principio: Jesús cura a una mujer en sábado (Lc 13,10-17). El sábado era —y sigue siendo— día de descanso para los judíos, y estaba prohibido realizar ningún trabajo —incluida una curación— que no fuera necesario para salvar la vida. *Día de descanso* no significa en este contexto un día de fiesta para no hacer nada, sino un día de fiesta, precisamente, para dar culto a Dios y para agradecerle que nos haya hecho libres y no esclavos. Jesús no va en contra de la ley del sábado (Mt 5,17-18), sino que deja claro que en nombre de las leyes de Dios —incluida la del sábado— no se puede ignorar nunca el sufrimiento concreto de nadie. El sufrimiento de la mujer encorvada que Lucas nos describe revela algo que no es una excepción en la Ley de Dios, sino precisamente lo que le da sentido: «Tratad a los demás como queráis que ellos os traten a vosotros, porque en esto consisten la ley y los profetas.» (Mt 7,12)

Las desigualdades entre mujer y varón planteadas como problema teológico son un tema recurrente en todas las religiones mayoritarias. El *Sutra del Loto* (un texto clásico de la teología buddhista Mahayana del siglo I d. de C.) narra el caso de la princesa Naga, quien, aun poseyendo una sabiduría y una devoción extraordinarias, no puede alcanzar la iluminación porque es una mujer. La princesa solo tiene ocho años, pero no es su edad sino su sexo lo que representa un obstáculo para la iluminación. Tras un breve y sorprendente diálogo con Shariputra, que representa en este episodio la posición de la teología patriarcal, la princesa resuelve el problema convirtiéndose en varón. Es la misma solución teológica que el Evangelio apócrifo de Tomás —escrito, como el *Sutra del Loto*, en el siglo I d. de C.— propone para resolver el caso de María Magdalena.

Estas soluciones provienen normalmente de los sectores progresistas de cada religión, que encuentran escandaloso que en nombre de lo más sagrado se conceptúe negativamente a la mujer y se justifique su discriminación. Estos teólogos y teólogas progresistas van contra la misoginia explícita que expresa un texto como el de Tertuliano citado más arriba, y que también encontramos expresada de manera casi paralela en algunos textos de la tradición buddhista: «Las mujeres pueden destruir los preceptos más puros. No les

interesan ni el honor ni la superación de sí. Impiden
que los varones nazcan de nuevo en el cielo. Las mujeres son la causa del infierno.»[4] Considerando las significativas diferencias geográficas, culturales y religiosas
que existen entre el cristianismo y el buddhismo, esta
coincidencia en la expresión de la misoginia explícita
y en las estrategias que intentan superarla es sorprendente, y nos remite de forma directa y aguda a la búsqueda de un porqué que —teniendo cuidadosamente
en cuenta las circunstancias históricas— sea capaz de
preguntarse también por los mecanismos psicológicos
que estas circunstancias revelan. De modo necesariamente breve, en el capítulo dedicado al fenómeno de
la «caza de brujas» volveré sobre esta pregunta, que
nos acompañará a lo largo de todo el recorrido histórico y que, aunque no sea fácil de responder, no puede
suprimirse ni ignorarse.

Aunque acostumbren a provenir de sectores progresistas contrarios a la misoginia explícita, los textos
que transforman a las mujeres en varones como paso
previo a su plena espiritualización son también textos misóginos: aceptan y presuponen la inferioridad
de lo que es femenino y la superioridad de lo que es
masculino; aceptan y presuponen que lo masculino

---

4. *Relato del rey Udayana de Varasa. Cf.* también el sutra sobre el mérito de las imágenes de Buddha; ambos textos son de los
primeros siglos de nuestra era.

es más espiritual que lo femenino. La tradición zen
desenmascara la falsedad de esta misoginia implícita. En el siglo IX —siglo de oro del buddhismo zen
en China—, la abadesa Mo Shan se negó a transfor-
marse en varón y demostró mediante sus respuestas y
su enseñanza que el sexo y el género son irrelevantes
para alcanzar la plenitud espiritual. Esto ya lo había
declarado en el siglo VII el monje cristiano Máximo
el Confesor y, antes que él, los sutras Mahayana de
Vimalakirti (siglo II) y de la reina Srimala (siglo III);
y, en el siglo I, también san Pablo en la carta a los Gá-
latas: «ya no hay distinción entre masculino-*arsen* o
femenino-*thelus* en Cristo Jesús» (Gal 3,28). No obstante, persiste una pregunta en la interpretación de
estos textos decididamente antimisóginos: el rechazo
de la propia corporeidad o de la propia sexualidad ¿es
el precio que pagar para poder alcanzar la igualdad
espiritual?

El ideal de la igualdad espiritual o religiosa lo ha-
llamos defendido no en términos teóricos, sino en
términos prácticos, políticos, en el Evangelio apócrifo
de María (siglo II-III). Después de que Pedro se irrite
solo de pensar que Jesús haya podido revelar a una
mujer lo que no ha revelado a los discípulos varones,
María exclama: «Pedro, hermano mío, ¿crees que me
lo invento o que miento?» Y Leví añade: «Pedro, siempre te enciendes sin causa y ahora atacas a la mujer

como si fuera un adversario. Si el Salvador la ha hecho digna, ¿quién eres tú para rechazarla?» Aquí, el énfasis se sitúa en la igualdad de las mujeres y los varones en la interpretación de la propia tradición religiosa y en la toma de decisiones de la comunidad.

También de carácter práctico-político fue la petición organizada de las mujeres contemporáneas a Buddha, que no aceptaron ser excluidas de la comunidad monástica. La tradición buddhista ha preservado hasta hoy el recuerdo de la que probablemente fue la primera manifestación feminista de la historia. Según el texto que narra este episodio, a Buddha no le gustó esta manifestación formada por quinientas mujeres que habían abandonado a la familia, se habían rapado la cabeza y estaban decididas a no moverse de la puerta del monasterio hasta ser admitidas. La manifestación estaba encabezada por Mahaprajapati, la tía de Buddha y la mujer que le había hecho de madre tras la muerte de parto de su hermana Maia, la madre biológica de Buddha. Gracias a la intercesión de Ananda, su discípulo favorito, Buddha, finalmente, accede a establecer el linaje monástico femenino, pero lo subordina al linaje masculino por medio de ocho normas que establecen, entre otros puntos, que las monjas tendrán que recibir instrucción de los monjes, y no al revés, y que las monjas tendrán que inclinarse ante los monjes, y no al revés.

¿Se han respetado estas normas a lo largo de la historia? En la mayor parte de los casos, sí. Pero hay excepciones. En algunos monasterios zen de China de los siglos VIII-XII, las monjas no solo enseñaban a los monjes, sino que los monjes enseñados por ellas eran considerados más avanzados en la práctica buddhista que otros, precisamente por haber sido capaces de trascender los estereotipos de género. Hoy, en cambio, encontramos países —incluso de tradición Mahayana, como Tailandia— que no aceptan que las monjas sean maestras de los monjes. En todas las tradiciones religiosas hay actualmente varones y mujeres que prefieren que las posiciones de autoridad, representatividad o responsabilidad comunitaria —gobierno, docencia, presidencia litúrgica…— las ejerzan los varones.

La tradición islámica también tiene normativas misóginas y excepciones históricas. Una de estas excepciones es el caso de la exesclava Rabi'a al-Basri, la gran mística sufí que vivió en Basra (Iraq) en el siglo VIII y que fue honrada por las figuras religiosas más importantes de su tiempo. Sus enseñanzas sorprenden aún hoy en día por su frescura, sentido común y libertad de espíritu. Se cuenta que en una ocasión, al disponerse a preparar algo de comida después de unos cuantos días de ayuno, Rabi'a y su sirvienta se encontraron con que no tenían ninguna cebolla. La sirvienta sugirió que fueran a pedirle a la vecina, pero Rabi'a respondió que hacía cuarenta años que vivía únicamente de lo que Dios le daba. En aquel preciso momento, un pájaro voló por encima de sus cabezas y dejó caer en la sartén de Rabi'a una cebolla, ya pelada y a punto de freír. «Interesante —dijo Rabi'a—, pero no me convence. ¿Debemos creer que Dios es un comerciante de cebollas?» Aquel día —concluye el relato— Rabi'a y su sirvienta se comieron su pan sin cebolla. En sus poemas, la agudeza que caracteriza las anécdotas de Rabi'a se transforma en anhelo y en la apertura sin límites del amor. En un poema titulado «Aquel que guarda las puertas del corazón» dice Rabi'a: «En el amor, nada permanece entre pecho y Pecho. La palabra nace del deseo; es descripción veraz de lo que se ha probado. Quien ha experimentado, sabe; quien explica, miente.»

En todas las religiones mayoritarias encontramos testimonios cualificados a favor de la igualdad mujer-varón. La recuperación de estas figuras y de estos textos a menudo olvidados ha sido hasta ahora una de las tareas principales de las teologías feministas. El problema es que, como hemos visto, en estas mismas religiones encontramos a la vez testimonios tan cualificados como los primeros que se manifiestan contra esta igualdad.

Esta contradicción se ve reflejada de forma paradigmática en la narrativa bíblica de la creación de la humanidad. El libro del Génesis —que, aunque sea el primer libro de la Biblia, se considera redactado en torno al siglo v a. de C.— presenta, una tras otra y sin solución de continuidad, dos versiones distintas de la creación de la humanidad: Gn 1,26-27 y Gn 2,18-25. Según la primera versión, Dios creó al hombre y a la mujer simultáneamente, sin que ninguno de los dos precediera al otro en ningún sentido; de acuerdo con la segunda versión, en cambio, Dios creó primero al varón, y después creó a la mujer a partir del cuerpo del varón. El primer relato parece que fundamente una antropología de la igualdad, mientras que el segundo introduce una diferencia que parece una subordinación, y que en la mayoría de los casos ha sido interpretada como tal.

En el siglo i, el mismo san Pablo, tras haber declarado —como hemos visto— la igual dignidad en Cristo de la mujer y el varón (Gal 3,28), escribe que «la cabeza de todo varón es Cristo, como la cabeza de la mujer es el varón» (1Cor 11,3), y justifica esta subordinación haciendo referencia al segundo relato del Génesis, en el que —según san Pablo— no tan solo queda claro que la mujer proviene del varón y no al revés, sino también que la mujer ha sido hecha para el varón, y no al revés (1Cor 11,8-9).

Veinte siglos más tarde (2004), la «Carta a los obispos de la Iglesia católica sobre la colaboración del hombre y la mujer en la Iglesia y el mundo», al mismo tiempo que habla de reciprocidad e igualdad entre los esposos, reitera que «la mujer, en su ser más profundo y originario, existe "por razón del hombre" (*cf.* 1Cor 11,9)»[5] y que, a diferencia del varón, la mujer ha sido hecha más «para el otro» que «para sí misma».[6] Este documento fue elaborado por la Congregación para la Doctrina de la Fe, que es una comisión formada íntegramente por varones.

*El problema de las mujeres* permanece. Para los varones, la expresión *el problema de las mujeres* acostumbra a significar que las mujeres *son* un problema (genitivo subjetivo): ¿cuál es la naturaleza de las mujeres?, ¿cuál tiene que ser su lugar en la sociedad y/o en la religión?, ¿cuál es el designio de Dios sobre ellas? Para las mujeres, en cambio, la expresión *el problema de las mujeres* no acostumbra a significar que las mujeres *son* un problema, sino que las mujeres *tienen* un problema (genitivo objetivo). Para las mujeres, *el problema de las mujeres* son las leyes, las costumbres y los preceptos religiosos que las limitan. En lugar de dudar de cuál tiene que ser su lugar y de qué es lo que Dios quiere de ellas, las mujeres —cada una de la manera

5. «Carta a los obispos de la Iglesia católica sobre la colaboración del hombre y la mujer en la Iglesia y el mundo», Congregación para la Doctrina de la Fe (31 de mayo del 2004), §6.

6. *Ibid.*, §13.

en que Dios le da a entender— parece que a lo largo de la historia han tendido a pensar que lo saben. Los problemas los han tenido —y los continúan teniendo hoy en día— cuando se disponen a llevar a cabo la llamada que creen haber recibido de Dios, sobre todo si su vocación implica asumir responsabilidades públicas.

En el siglo XVI, santa Teresa de Jesús, en un pasaje del *Camino de perfección* que fue censurado en algunas ediciones posteriores, afirma:

> ¿No basta, Señor, que nos tiene el mundo acorraladas e incapaces para que no hagamos cosa que valga nada por Vos en público, ni osemos hablar algunas verdades que lloramos en secreto, sino que no nos habíades de oír petición tan justa? No lo creo yo, Señor, de vuestra bondad y justicia, que sois justo juez y no como los jueces del mundo, que como son hijos de Adán y en fin todos varones, no hay virtud de mujer que no tengan por sospechosa. Sí, que algún día ha de haber, Rey mío, que se conozcan todos. No hablo por mí, que ya tiene conocido el mundo mi ruindad y yo holgado que sea pública, sino porque veo los tiempos de manera que no es razón desechar ánimos virtuosos y fuertes aunque sean de mujeres.[7]

7. TERESA DE JESÚS, *Camino de perfección,* § 4, en *Obras completas,* Biblioteca de Autores Cristianos, Madrid, 1997, pp. 205-206.

# III

## LA «QUERELLE DES FEMMES» Y EL NACIMIENTO DE LA MODERNIDAD

CON EL NACIMIENTO de lo que se acostumbra a denominar *modernidad* en Europa y con la cultura humanista, el énfasis en la autonomía personal, el imperialismo-colonización, la revolución científica, la creación de las naciones-Estado y el advenimiento de la democracia que le son propios, empieza a estructurarse el paradigma cultural y el orden sociopolítico mundial que ha perdurado hasta nuestros días, en cuyo seno —y a la vez *contra* el cual— se ha acuñado el término *feminismo* y se ha organizado políticamente la subjetividad femenina. En el seno de la modernidad y al mismo tiempo contra ella, ha sido posible, por primera vez en la historia, crear la multiplicidad de espacios que permiten que las contradicciones que siempre han existido entre lo que se supone que son las mujeres (discurso público sobre las mujeres: teológico, filosófico o científico) y lo que cada mujer en realidad es o quiere llegar a ser, se articulen y se hagan presentes en todos los ámbitos (académico, científico, económico, político, social, teológico, religioso, psicológico, etc.), y puedan, de este modo, ser tenidas en cuenta en la construcción, teórica y práctica, de nuestra humanidad común y de sus ideales.

Considero decisivo destacar la continuidad existente entre el *feminismo* —que no aparece como tal hasta finales del siglo XIX— y la expresión continuada a lo largo de la historia de aquello que constituye su fundamento y su identidad, a saber, la contradicción entre el *discurso público sobre las mujeres* y la *experiencia personal de cada mujer*. Paralelamente, en el caso de la teología, considero decisivo destacar la continuidad entre la *teología feminista* —que no aparece como tal hasta finales del siglo XX— y la expresión continuada a lo largo de la historia de aquello que constituye su fundamento y su identidad, a saber, la contradicción entre el *discurso teológico sobre las mujeres* y la *experiencia de Dios de cada mujer*. La teología feminista es a la teología lo mismo que el feminismo es al humanismo: una llamada y una oportunidad para ser consecuentes con los propios presupuestos. Ni la teología ni el humanismo pueden ser auténticos sin tener en cuenta a las mujeres, no como objetos de estudio, sino como sujetos de conocimiento y de acción.

Al analizar la historia del feminismo o de la teología feminista se acostumbra a hacer referencia a un fenómeno social y cultural propio de los primeros siglos de la modernidad conocido con el nombre de *querelle des femmes*. La *querelle des femmes* consiste en un serie de discusiones que, en lugares y modalidades muy diferentes, proliferan en Europa a partir del siglo XVI y que tienen como tema la superioridad de las mujeres sobre los varones. Los *querellistas* —típicamente varones— se enfrentan dialécticamente uno contra otro en un acto ritualizado destinado a mostrar el ingenio de los contrincantes: uno denigra a las mujeres y expone todas sus bajezas; el otro las ensalza y alaba sus méritos y sus superiores virtudes morales. Todo esto ocurre bajo la mirada complaciente de algunas damas de la corte, que aplauden encantadas a su defensor y recompensan con una sonrisa agradecida —o, si disponen de medios, con un generoso mecenazgo— sus esfuerzos. Al menos, este es el escenario que ha pervivido en numerosas obras escritas que dan testimonio de ello. Como veremos, la realidad contiene más matices.[1]

La creciente popularidad de estos debates hizo que la *querelle des femmes* se convirtiera en un género litera-

---

1. En la exposición que sigue, me baso en las investigaciones de la profesora Androniki DIALETI, «"Defenders" and "enemies" of women in early modern Italy *querelle des femmes*. Social and cultural categories or empty rhetoric?», comunicación presentada en la 5th European Feminist Research Conference sobre «Gender and Power in the New Europe», Universidad de Lund, Suecia, 20-24 de agosto del 2003.

rio diferenciado que permitía al autor (varón) ejercitar sus artes retóricas en el mejor estilo sofista: partiendo de una premisa aparentemente tan imposible como la superioridad femenina, se trataba de demostrar las propias habilidades del autor-varón. En estas obras, los personajes masculinos son los héroes: las mujeres juegan en ellas un papel de comparsa.

En una de las obras que tuvo más difusión e influencia en este debate (*Il libro del Cortegiano* de Baldesar Castiglione, publicado en 1528), el principal personaje femenino pide al varón *querellista* que explique sus argumentos a favor de la superioridad femenina en términos suficientemente sencillos como para que las mujeres puedan entenderlos. Otro de estos autores, Alessandro Piccolimini (1540), deja claro en el proemio de una de sus obras que su intención es dar argumentos a las desvalidas mujeres para que estas puedan demostrar su superioridad ante los varones. Por su parte, Lodovico Domenichi (1549) hace que su principal personaje femenino, después de escuchar, junto con sus compañeras, en tenso silencio, los argumentos de un varón *querellista* que denigra a las mujeres, se alce gozosa y dé gracias a Dios cuando otro varón *querellista* se decide por fin a defenderlas.

La *querelle des femmes* se convirtió en el género literario por medio del cual los varones europeos exploraban y construían la identidad *masculina* del incipiente sujeto moderno: el héroe amante de la libertad, que lucha contra la tiranía y la opresión con un entusiasmo y un convencimiento tales que no tiene en cuenta a las personas que cree defender y se convierte él mismo en un tirano y un opresor (psicología masculina adolescente que quiere eliminar al padre para ocupar su lugar).

No obstante, algunas mujeres supieron aprovechar la ocasión para hacer oír su propia voz. Estas mujeres no se manifestaron a favor de la falsa y vacía superioridad femenina que proclamaban algunos varones con el objetivo de presentarse a sí mismos como «más civilizados» que otros varones, sino a favor de objetivos de tipo práctico, como, por ejemplo, la reforma de las leyes y costumbres matrimoniales o el acceso de las mujeres a la educación.

A finales del siglo XVI, Moderata Fonte (1555-1592) escribió *Il merito delle donne,* publicado póstumamente en el año 1600. Las protagonistas del libro de Fonte son siete mujeres de estados maritales diversos que mantienen un apasionado debate entre ellas. Cada una de las mujeres aporta su punto de vista, basándose en la propia experiencia e ilustrándolo con ejemplos prácticos. Los dos personajes principales —Corrina (joven casadera) y Cornelia (joven casada)— argumentan con gran fuerza contra el matrimonio y denuncian la explotación económica, los maltratos y la reclusión forzada a que se ven sometidas las mujeres casadas. El texto denuncia también los abusos sexuales que sufren muchas mujeres. En un momento del debate, Cornelia dice que los varones *querellistas* que defienden a las mujeres lo hacen por propio interés, para hacerse ver o para conseguir que las mujeres caigan rendidas a sus pies y «abandonen en manos del varón su libre albedrío, su honor, su alma y su vida». Fonte escribió también dos obras de teología espiritual: *La passione di Christo* (1581) y *La resurrettione di Giesú Christo* (1592). En estas obras, Fonte revela su fe y la profundidad de su experiencia de Dios. Fonte era huérfana y se había criado hasta los nueve años en el convento de Santa Marta, donde todas las figuras de autoridad eran femeninas. De la convicción de que Dios ama tanto a las mujeres como a los varones y de la constatación de que Jesús había confiado en las mujeres y había establecido amistad con ellas, sacaba Fonte la fuerza necesaria para enfrentarse abiertamente a las convenciones de género de su época.

En el año 1600, Lucrezia Marinella (1571-1653) publica su obra sobre los méritos femeninos y los defectos masculinos (*La nobittà et eccelenza delle donne*) como respuesta a la obra de Giuseppe Passi sobre los méritos masculinos y los defectos femeninos (*I donneschi difetti*, 1599). La obra de Marinella contiene un capítulo titulado «Una respuesta a los razonamientos frívolos y vacíos que los varones utilizan en beneficio propio». En este capítulo, Marinella expone la hipocresía de los varones capaces de ensalzar románticamente a las mujeres mientras consienten que sus esposas, madres y hermanas trabajen para ellos como si fueran sus sirvientas. Esta es una obra de juventud —escrita a los veintinueve años— en la que Marinella adopta el mismo estilo de los *querellistas* varones que defendían a las mujeres. A los setenta y un años de edad, Marinella publica su segunda obra sobre el tema —*Essortationi alle donne et a gli altri*, 1645—, en la que defiende la igualdad mujer-varón y analiza las dificultades que impiden que la vida familiar y social se organice de acuerdo con esta igualdad. Marinella publica también teología feminista en forma de vidas de santas: las mártires Coloma y Justina, Catalina de Siena y Clara de Asís. En estas obras, en lugar de alabar las virtudes que se ajustan al estereotipo de género de la feminidad —docilidad, pasividad, obediencia, sacrificio, silencio—, Marinella describe con admiración la valentía y las gestas públicas de estas mujeres. La vida de Clara de Asís se describe conjuntamente con la de san Francisco, y el énfasis recae en la estimación y el respeto mutuo que estos dos santos tenían el uno por el otro. Marinella escribió también una vida de la Virgen que rompía con el estereotipo de la feminidad y que rápidamente se convirtió en la más popular de sus obras.

En sus discusiones sobre la situación de las mujeres casadas, Fonte y Marinella expresan la contradicción y la angustia provocadas por más de un siglo de discurso promujeres sin que, en realidad, hubiera cambiado la estructura básica de desigualdad en la familia.

Esta desigualdad se mantiene aún hoy día: en el año 2001, el 60 % de las mujeres de la ciudad de Barcelona declararon que dedicaban más de quince horas semanales a las tareas domésticas, y el 60 % de los varones declararon que les dedicaban menos de siete horas (la mitad de estos varones no le dedicaba ninguna). Más de la mitad de estas mujeres hacía compatible esta dedicación con un trabajo remunerado de jornada completa (el 75 %) o de jornada parcial (el 25 %). Las consecuencias económicas de esta distribución laboral son las siguientes: en el año 2001, en la ciudad de Barcelona, el 80 % de las personas que ingresaban más de trescientas mil pesetas (unos mil ochocientos euros) al mes eran varones. Estos datos significan que en el año 2001, en Barcelona, las mujeres trabajaron más del doble que los varones y ganaron menos de la mitad. Entre los trabajos no remunerados que se agrupan bajo la etiqueta de *tareas del hogar o domésticas*, se encuentran: la limpieza y el mantenimiento de la casa, la compra y las comidas, el cuidado de la ropa, la organización de los compromisos familiares y sociales, el cuidado de los hijos, y también el cuidado de las personas enfermas o ancianas, tarea que las mujeres realizan prácticamente en solitario, aunque las personas que necesitan ayuda sean los padres o los parientes del varón.[2]

Fonte y Marinella escribieron limitadas por las normas culturales católicas de la Contrarreforma (en 1517 Lutero proclamó sus famosas tesis y entre 1545 y 1563 se celebró el Concilio de Trento). Según el ideal moral católico que se formula en el siglo XVI, la vida de las mujeres se estructura en tres etapas: virginidad, matrimonio y viudedad. A menos que la mujer muriese de parto o de las complicaciones del embarazo (Fonte murió a los treinta y siete años, pocos días después de haber dado a luz a su cuarto hijo), la etapa de viudedad solía ser la más larga, ya que la costumbre era que las mujeres se casaran con varones veinte o cuarenta años mayores que ellas (el matrimonio de Fonte fue excepcional en este sentido, ya que su marido era tres años más joven que ella). De acuerdo con el humanista —y editor de las obras de Dante— Lodovico Dolce (1508-1568), las tres etapas que configuran la vida de las mujeres tienen que regirse por los siguientes criterios: durante la virginidad las mujeres tienen que ser estrictamente controladas por su padre o fami-

2. Cristina CARRASCO y Màrius DOMÍNGUEZ, *Temps, treball i ocupació. Desigualtats de gènere a la ciutat de Barcelona*, Ajuntament de Barcelona, Barcelona, 2003.

liar varón más cercano; durante el matrimonio tienen que caracterizarse por no expresar nunca ninguna iniciativa propia y obedecer con diligencia y desprendimiento de sí las directrices del marido; y durante la viudedad, tienen que guardar continua memoria del marido difunto y tienen que abstenerse de cualquier actividad recreativa. Según este modelo tradicional, para que la estructura y la dinámica familiar estén de acuerdo con los designios de Dios, las mujeres tienen que obedecer a los varones, especialmente al padre y al marido, y los varones tienen que tratar a las mujeres con autoridad y amabilidad. La madre y esposa ideal tiene que abstenerse de cualquier actividad social y de cualquier placer, y tiene que limitar sus intereses culturales a los libros religiosos y morales expresamente escritos para mujeres. Como señal de respeto hacia la castidad femenina, las mujeres tienen que estar excluidas del ámbito público.[3]

3. Lodovico DOLCE, *Dialogo della Institution delle donne secondo li tre stati, che cadono nella vita humana,* Gabriel Giolito de Ferrari, Vinegia, 1545.

## LA PRIMERA ESCRITORA PROFESIONAL EN EUROPA: CHRISTINE DE PIZAN

LAS VENECIANAS Fonte y Marinella habían tenido un antecedente ilustre en Francia: Christine de Pizan (1364-1430). Pizan había nacido como ellas en Venecia, pero creció y se formó intelectualmente en la corte humanista del rey Carlos V de Francia, donde su padre ejercía como médico, alquimista y astrólogo. Pizan se casó a los quince años, y a los veintidós se quedó viuda con tres hijos. Para mantener a su familia —los tres hijos, la abuela y una tía—, Pizan se dedicó a la literatura, y por esto se la considera la primera mujer escritora profesional de Europa. Escribió cuarenta y una obras, siendo la última un poema dedicado a Juana de Arco (*Jeanne d'Arc: chronique rimée*, 1429). Juana de Arco fue una campesina analfabeta que dirigió el Ejército de Francia cuando solo tenía diecisiete años y que, tras conseguir expulsar a los ingleses del territorio francés con una serie de éxitos militares sin precedentes, murió quemada en la hoguera por hereje —en 1456 fue rehabilitada, y en 1920, declarada santa. La causa real de la condena de Juana fueron los intereses políticos de los aristócratas y eclesiásticos franceses que habían pactado con el poder inglés, pero la sentencia oficial del tribunal eclesiástico que la condenó la acusa de haberse vestido con ropa masculina, confundiendo, de este modo, el orden social y moral querido por Dios. El poema de Pizan fue compuesto un año antes de que Juana (a la que muy probablemente Pizan había conocido en la corte francesa) fuera ejecutada. En este poema, Christine de Pizan deja claro —al igual que Fonte y Marinella harían casi dos siglos después— que no ha sido Dios quien ha puesto límites a las mujeres ni a lo que las mujeres pueden hacer en la sociedad o en la Iglesia. En contra de las costumbres de su época, Christine de Pizan participaba regularmente en debates públicos con varones donde se discutía sobre literatura, política y teología.

El año 1405, Christine de Pizan publicó *Le livre de la cité des dames*. Está estructurado en forma de debate con cuatro participantes, que son la autora misma y tres figuras femeninas alegóricas: miseñora Razón, miseñora Rectitud y miseñora Justicia. El debate versa sobre los problemas derivados de la misoginia y sobre su falta de fundamento. El argumento principal está muy claro: si las mujeres estudiasen y se pudiesen formar como hacen los varones —y tal como, a causa de las circunstancias peculiares de su vida, había podido hacer Pizan—, la misoginia dejaría de existir. En los primeros capítulos de la obra, Pizan deja constancia, a través de múltiples ejemplos, de las contradicciones existentes entre las imágenes de las mujeres que prevalecen en la cultura, la religión y la sociedad, y la experiencia que las mujeres tienen de sí mismas. Christine de Pizan cree que esta situación se mantiene porque entre las obras que se consideran *auctoritas* (autoridades o libros de referencia obligada) no hay ninguna que haya sido escrita por una mujer.

## LA PRIMERA AUTORA EN CATALÁN:
## SOR ISABEL DE VILLENA,
## TEÓLOGA FEMINISTA

LAS MUJERES CULTAS, aunque constituían una excepción aún mayor que los hombres cultos, nunca dejaron de existir en la época medieval. El caso de Hilda, abadesa de Whitby (614-680), o el más conocido de Hildegarda de Bingen (1098-1179), son dos ejemplos claros de ello. La abadesa Hildegarda habla de Dios con metáforas femeninas y rompe explícitamente con algunos de los tabúes religiosos de su época, que son denigrantes o humillantes para las mujeres. En relación con el tabú de la menstruación, por ejemplo, Hildegarda declara que la sangre menstrual no convierte en impuras a las mujeres y que, en cambio, la sangre vertida en la guerra sí hace impuros a los que son responsables de ella. Su vocación religiosa permitió a Hildegarda, dos siglos antes que a Pizan, dedicarse al estudio y profundizar en su subjetividad, pero esto —tal y como ocurre también hoy en día— no la llevó necesariamente a concluir que existiera una contradicción de fondo entre el discurso teologicorreligoso sobre las mujeres y la realidad. Sin esta conciencia crítica del *problema de las mujeres*, Hildegarda —y, como ella, seguramente la mayoría de las mujeres que han dejado una huella positiva en la historia— no puede ser considerada una feminista, lo cual no significa que lo que Hildegarda hizo y escribió no sirva de inspiración a muchas feministas (tanto si son teólogas como si no), y también a muchas otras mujeres que, sin pensar que el problema sea de tipo general, no se sienten bien dentro de los límites que su sociedad les prescribe e intentan transgredirlos de un modo u otro.

No toda mujer que rompe o intenta romper los estereotipos de la feminidad, tal y como la definen los cánones de su época o de su religión, puede ser llamada *feminista*. El adjetivo presupone la conciencia de que el problema trasciende la propia individualidad y las propias circunstancias. Christine de Pizan, Gregorio de Nacianzo, la abadesa Mo Shan y Teresa de Jesús sí que pueden ser llamadas y llamado feministas *avant la lettre*, porque han dejado escritos que demuestran su conciencia del *problema de las mujeres* y su disconformidad al respecto. Gregorio de Nacianzo, la abadesa Mo Shan y Teresa de Jesús pueden llamarse, además, teólogas y teólogo feministas, porque, amén de tomar conciencia del *problema de las mujeres* y de posicionarse en contra de su sujeción, han dedicado su vida a la teología y han interpretado la voluntad de Dios o de la tradición auténtica de su religión como contraria a esta sujeción.

Quien en este sentido preciso puede considerarse también teóloga feminista de pleno derecho es la abadesa del monasterio de clarisas de la Trinidad de Valencia, sor Isabel de Villena (1430-1490). Sor Isabel es la primera gran figura femenina de la literatura catalana medieval, autora de la *Vita Christi*, una obra que en su época tuvo más éxito editorial que el *Tirant lo blanc*. Pese a la precariedad de la recién inventada imprenta (1477), la obra de Isabel de Villena conoció tres ediciones diferentes en treinta años (Valencia, 1497 y 1513; Barcelona, 1527). En los tres casos, el texto se editó con sumo cuidado, acompañado de valiosas xilografías. De todas las *Vidas de Cristo* que circularon por Europa entre los siglos XV-XVII, la de Isabel de Villena está considerada actualmente como la de mayor calidad literaria y teológica. Las citas bíblicas, patrísticas y escolásticas abundan en ella, y son siempre glosadas en profundidad con un gran conocimiento del latín en el mejor estilo de la *meditatio* medieval. Tanto desde el punto de vista literario como teológico, destaca el hecho de que toma como protagonistas a las mujeres que convivieron con Jesús, especialmente su madre y María Magdalena. Sor Isabel pone en boca de Jesús un ataque contra los misóginos y la misoginia, y una defensa de las capacidades intelectuales y espirituales de las mujeres. La abadesa tenía motivos muy concretos para tratar con detenimiento este tema y para dar testimonio a favor de las mujeres y de sus capacidades, ya que el médico de su monasterio no era otro que el misógino Jaume Roig, hoy día ampliamente reconocido por sus obras y estudiado —a diferencia de Isabel de Villena— en la mayor parte de los cursos de literatura catalana medieval. La tesis central de la obra de Roig, *L'Espill o Llibre de les dones* (1460), es que todas las mujeres (excepto la madre del autor y la Virgen María) son intrínsecamente mezquinas e incapaces de razonar. *L'Espill* también tuvo mucho éxito editorial en su época y fue reimpreso tres veces en pocos años.

## LA MODERNIDAD Y LA CAZA DE BRUJAS

La postura oficial de la Iglesia católica era en aquellos momentos más cercana a las tesis de Jaume Roig que a las de Isabel de Villena. En 1487, cuando sor Isabel aún vivía, y diez años antes de la publicación póstuma de su *Vita Christi*, los inquisidores dominicos Institoris y Sprenger publicaron el *Malleus Maleficarum* (el 'Martillo de las brujas'). La obra presenta, en los primeros capítulos, una selección de textos misóginos clásicos y contemporáneos que reproducen los estereotipos de género contra los que había argumentado tan elocuentemente Christine de Pizan ochenta años antes: el varón justo y razonable *versus* la mujer débil de entendimiento y seductora.

La fuente principal de la misoginia del *Malleus* parece ser la obra *Summa theologica moralis* del arzobispo de Florencia Antoninus (1389-1459), que contiene una extensa discusión sobre los defectos de las mujeres; esta obra describe un defecto femenino por cada letra del alfabeto. Entre los textos citados en el *Malleus* y avalados por la bula del papa Inocencio VIII *Summis desiderantis affectibus* (5 de diciembre de 1484) que acompaña todas las ediciones, resulta especialmente relevante para el tema de la teología feminista la pseudoetimología según la cual la palabra *fémina* proviene de la combinación de *fe* y *minus;* así, *fémina* significaría 'de poca fe'.[1] En otro pasaje, los autores del *Malleus* declaran que una de las señales que caracterizan a las mujeres que han sido poseídas por el demonio es que, contra la ley natural y la voluntad de Dios, consiguen vencer a los varones en una discusión racional. Con el aumento del poder de la Inquisición y, especialmente, durante la Contrarreforma (siglos XVI-XVII), el *Malleus Maleficarum* fue alcanzando una gran difusión e influencia, y sus tesis fueron la causa, como veremos, de que muchas obras teológicas escritas por mujeres en este período acabaran quemadas por iniciativa propia o por iniciativa de sus confesores.

En pleno apogeo del racionalismo ilustrado y de su violencia (siglos XVIII-XIX: genocidios en las colonias, reinos de terror revolucionario en Europa, expansión y endurecimiento del mercado de esclavos), se extendió la creencia de que la caza de brujas había sido un fenómeno originado por el oscurantismo medieval premo-

---

1. Heinrich INSTITORIS y Jakob SPRENGER, *Malleus Maleficarum,* parte I, cuestión 6, 42C.

derno y por la misoginia de la Iglesia católica, y que el número de mujeres quemadas en la hoguera por ser consideradas brujas había llegado a ser de nueve millones. En los años sesenta del siglo xx, al inicio de la crisis de la modernidad, la estimación del número de brujas quemadas descendió de nueve millones a cien mil, y la causa de la persecución se atribuyó a la inseguridad del incipiente sujeto moderno ante los cambios sociales y la pérdida de prestigio de las instituciones que hasta entonces le habían otorgado confianza. A inicios del siglo xxi, la estimación del número de brujas quemadas ha bajado a veinticinco mil, y la causa se sitúa —en continuidad con la tesis de los años setenta y sin negar la existencia de la misoginia eclesial— en las dificultades psicológicas de la construcción de la identidad masculina y en la tendencia a proyectar los propios fantasmas y los propios miedos en la mujer, símbolo de la madre a quien culpamos de retenernos contra nuestra voluntad cuando no somos capaces de asumir las contradicciones de la propia libertad.[2]

Los datos objetivos muestran:

*a*   que las acusaciones por brujería eran raras en la Alta Edad Media;

2. Charles Zika, *Exorcising our demons. Magic, witchcraft and visual culture in early modern Europa*, Leiden, Boston, 2003.

*b* que no estaban relacionadas con la sexualidad, sino con tempestades, granizadas y malas cosechas;

*c* que normalmente no acababan en ejecución, y

*d* que el porcentaje de mujeres *versus* varones era aproximadamente del 50 %.

Con el advenimiento de la modernidad:

*a* se produce por primera vez lo que podemos denominar *una verdadera caza de brujas en Europa*;

*b* el personaje de la bruja se relaciona con la avidez sexual de las mujeres y con su deseo de dominar a los varones;

*c* la mayor parte de las acusaciones acaban en ejecución, y

*d* el porcentaje de mujeres *versus* varones entre los acusados y ejecutados pasa a ser superior al 80 % (en algunas regiones este porcentaje llega al 95 %; en algunos pueblecitos del sur de Alemania no quedó ninguna mujer o quedó solo una).

Los países donde la Inquisición fue más fuerte (España, Italia y Portugal) son los países donde menos ejecuciones de brujas se produjeron. Las ejecuciones tuvieron lugar sobre todo en Francia, Holanda, la zona del Rin, el norte de Italia y las regiones alpinas (sin olvidar los episodios en las colonias, como la caza de brujas en Salem, Massachussets, en el año 1692). Exceptuando los Alpes —donde buscaban refugio algunos de los que huían de las ciudades—, las regiones donde más intensa y cruenta fue la caza de brujas eran las más ricas, pobladas, dinámicas e intelectualmente avanzadas de Europa. Las regiones donde empezaba a gestarse la modernidad.

En 1972, el especialista en historia medieval Jeffrey Russell recurrió a la tesis de Lowe para explicar este fenómeno:

> Cuando el sujeto se ve obligado por la desinstitucionalización a usar sus propios recursos para construir un nuevo orden simbólico, se da cuenta de que la tarea es inmensamente difícil para su intelecto y para sus emociones. El sujeto exige libertad de las instituciones caducas, pero, al mismo tiempo, se siente frustrado por sus propias limitaciones cuando intenta usar su libertad para construir un sistema simbólico nuevo. En consecuencia, o bien encuentra un sistema simbólico alternativo que le permita resituarse en el mundo, o bien degenera en el nihilismo, en la desesperación anómica, en la violencia, o en la fanatización reactiva que lo convence de que la verdad se encuentra en aquellas ideas que de una manera más directa contradicen el sistema que, con su colapso, le ha traicionado.[3]

3. Citado por Jeffrey Burton RUSSELL, *Witchcraft in the Middle Ages,* Cornell University Press, Nueva York, 1972, p. 270.

Fue precisamente durante el cisma de la Iglesia católica, la institución que indiscutiblemente había dominado la Europa medieval, cuando se produjo uno de los hechos más decisivos en relación con la caza de brujas moderna. En el período que va de 1378 a 1416, en Europa coexistieron dos (o incluso tres) papas rivales, sin que hubiera acuerdo sobre cuál era el papa legítimo. Santa Catalina de Siena defendió al papa romano Urbano VI. San Vicente Ferrer se puso a favor del papa de Aviñón, Clemente VII. Los monarcas europeos tomaron partido por uno u otro bando según les convenía, con gran confusión de sus súbditos, ya que el cisma duró suficientemente (casi cuarenta años) como para que tanto los papados como las monarquías pasaran por múltiples manos y las alianzas cambiaran de bando en más de una ocasión.

Fue en medio de esta profunda crisis de autoridad que el centro intelectual más prestigioso de Europa en aquellos momentos, la Universidad de París, declaró solemnemente los tres puntos siguientes: que la magia es eficaz; que la hay de dos tipos, la natural y la sobrenatural; y que la magia sobrenatural implica siempre un pacto con el diablo (Universidad de París, 19 de septiembre de 1398). Estos postulados, lejos de ser una reliquia medieval, representaban una novedad que contradecía lo que la Iglesia había defendido hasta entonces de acuerdo con la autoridad del *Canon Episco-*

*pi*, que —erróneamente— se consideraba avalado por uno de los primeros concilios de la Iglesia, el Concilio de Ancira del año 314.

Un siglo después de la decisiva definición de París, los autores del *Malleus* añadieron las consideraciones misóginas que hemos visto más arriba y que vemos también reproducidas en otras cazas de brujas muy alejadas en el tiempo y en el espacio. En Tanzania, se vive desde 1970 una caza de brujas de dimensiones parecidas a la de la modernidad europea. El inicio de este fenómeno coincidió con el desmantelamiento de la vida tradicional en los pueblos (la ley que abolió el sistema tribal de administración de justicia se promulgó en 1963 como primer paso necesario para la «modernización» del país). En el año 2005, se estimaba que el número total de brujas ejecutadas en Tanzania desde 1970 había sido de treinta mil (un número, por tanto, superior a las estimaciones contemporáneas para el caso europeo). En más del 80 % de los casos, las acusadas y ejecutadas por brujería son mujeres que —igual que en el precedente europeo— viven solas o no se adecuan al comportamiento que socialmente se espera de ellas.[4]

La proyección preferencial de la propia inseguridad o el propio terror sobre las mujeres es un fenóme-

---

4. Oliver DUFF, «Tanzania suffers rise of witchcraft hysteria», *The Independent* (28 de noviembre del 2005).

no histórico recurrente que no experimentan solo los varones. Tanto los varones como las mujeres tendemos a proyectar en figuras femeninas —símbolo de la madre— las frustraciones que afectan a nuestra identidad más profunda. Esperamos de las mujeres-madre que nos resuelvan los problemas y que nos hagan sentir seguros y protegidos, y, al mismo tiempo, tememos de ellas que se aprovechen de nuestra necesidad y que nos quieran dominar.

Durante la caza de brujas se popularizó en tierras de habla alemana la figura literaria de la doctora Siemann (la traducción literal sería 'la doctora Ella-varón'). La doctora Siemann simboliza a la mujer que quiere tomar el lugar del varón, es decir, que lo quiere dominar. En los grabados, poemas, sátiras y alegorías morales de la época, la doctora Siemann obliga a los varones a arrodillarse ante ella y a entregarle la bolsa del dinero, así como la coquilla (la pieza rígida con la que estaba de moda que los varones acomodados se cubrieran, y a la vez destacaran, los genitales). En los grabados, Siemann lleva a menudo un látigo en la mano.

El *Malleus Maleficarum* dedica capítulos enteros a detallar una de las funciones principales de las brujas: inutilizar el miembro viril o, incluso, hacerlo desaparecer. Uno de los relatos más populares de la época, reproducido tanto en texto como en imágenes (grabados), es la historia de la doncella y de su pretendiente frustrado. Después de acceder a que su pretendiente la visite en secreto a medianoche, la doncella lo deja colgado dentro del cesto donde él se había introducido confiadamente por indicación de ella, para ser izado, pared arriba, hasta la ventana de la habitación de su amada. Al día siguiente, el pretendiente es el hazmerreír de toda la población, que, al verlo allí colgado, comprende que ha sido burlado por la doncella. El castigo que el pretendiente, de acuerdo con el padre de la doncella, le impone por esta burla es que descubra sus genitales públicamente y que permita que todos los habitantes del pueblo obtengan el fuego que necesitan para sus hogares de su sexo expuesto.

Zika hace notar un detalle importante: mientras que en las versiones ilustradas más antiguas de este relato la doncella se muestra avergonzada y humillada por el castigo, en las versiones del siglo XVII se exhibe con gran desvergüenza y parece dominar la situación. En estas versiones, la escena de humillación se ha convertido en un acto de vasallaje que recuerda al *osculum infame* (el homenaje por medio del cual se creía que las brujas y otros herejes sellaban su pacto con el demonio, y que consistía en besarle los genitales o el ano). En las obras de una de las figuras clave del Renacimiento alemán, el pintor Hans Baldung Grien (*ca.* 1484-1545), discípulo de Durero y consejero de la ciudad de Estrasburgo, las brujas son figuras explícitamente sexuales y particularmente perturbadoras. Expresan un erotismo que no está al servicio del deseo del varón: van completamente desnudas, pero son dueñas de su cuerpo y no lo ofrecen; ignoran al espectador o le miran con desafío y burla; adoptan posturas obscenas y juegan entre ellas; emanan vapores diversos de los genitales y se estimulan sexualmente unas a otras; con el fuego que les sale del órgano sexual cuecen longanizas que simbolizan los miembros viriles que han arrancado a los varones. En los *Caprichos* de Goya encontramos también algunos de estos elementos que Zika considera asociados a las fantasías sexuales y a los miedos de la subjetividad masculina.

Según la tesis de Lowe, la superación de la anomia y la violencia nihilista o fanática pasa por la construcción de un nuevo orden simbólico. El sistema simbólico que empieza a estructurarse en la Europa emergente para suplir a la cristiandad caduca se conoce bajo el nombre de *Humanismo*.

Uno de sus exponentes más significativos es el valenciano Juan Luis Vives (1492-1540), amigo de Erasmo de Rotterdam y de Tomás Moro, y autor de la gramática latina de más influencia en toda Europa. En 1524, Vives publicó *De institutione femina christiana*, dedicado a la futura reina de Inglaterra, María Tudor, cuando esta aún era una niña y Vives le enseñaba latín por encargo de su madre, la reina Catalina de Aragón, primera esposa de Enrique VIII. En esta obra, Vives reproduce los estereotipos de la mujer sometida al varón por voluntad de Dios, pero resulta significativo que se declare a favor de que todas las jóvenes solteras, sean de la clase social que sean, reciban una educación cuidada que incluya el latín. Vives se muestra convencido de que el intelecto de las mujeres es igual al de los varones, y considera que en el matrimonio la compañía intelectual es más importante que la procreación. Vives argumenta que la educación de las mujeres no tan solo es buena para ellas o para mantener la armonía matrimonial, sino también para el bien de la sociedad y del Estado.

En cuanto a su defensa de la sumisión de las esposas cristianas al marido por respeto a la voluntad de Dios, no podemos saber hasta qué punto el texto de Vives está autocensurado por miedo a las consecuencias de expresar ideas contrarias a la doctrina oficial de la Iglesia. La mayor parte de la familia de Vives fue quemada en las calles de Valencia por ser judíos conversos que continuaban —en secreto— siendo fieles a su religión (los denominados *marranos*), y se reunían en una sinagoga oculta en la casa donde Vives vivió hasta los diecisiete años, edad en que su padre —después de que Vives presenciara la ejecución pública de su primo hermano— lo envió a estudiar a París para salvarlo de la Inquisición. El padre y la abuela de Vives fueron quemados vivos en 1524, y en 1530, el cuerpo de su madre (que había muerto en 1508) fue desenterrado y sus restos fueron formalmente condenados como herejes y después quemados.

## SANTA TERESA DE JESÚS
## Y LA ESCUELA TERESIANA

Cuarenta años tras la publicación del libro de Vives sobre la educación de las mujeres cristianas, santa Teresa de Jesús (1515-1582), descendiente, como Vives, de *marranos* —el abuelo paterno de santa Teresa se trasladó a Toledo después de un proceso inquisitorial que estuvo a punto de acabar con su vida—, escribió *Camino de perfección* (1589). Redactada antes de 1567, esta obra (igual que la obra de Isabel de Villena y la de Moderata Fonte) no fue publicada hasta después de la muerte de santa Teresa, previa censura que hizo desaparecer en algunas ediciones el pasaje crítico citado en el capítulo II (p. 40).

En 1970, el papa Pablo VI proclamó a santa Teresa —juntamente con santa Catalina de Siena— doctora de la Iglesia. Era la primera vez que la Iglesia católica reconocía oficialmente que Dios puede dar a las mujeres el carisma de la maestría teológica en bien de toda la Iglesia. De esto hace cuarenta años. No obstante, aún hoy, el oficio litúrgico que habitualmente se reza en el día de la fiesta de santa Teresa —igual que en la fiesta de las otras dos mujeres declaradas doctoras de la Iglesia, santa Catalina de Siena en 1970 y santa Teresa de Lisieux en 1977— es el oficio de vírgenes y no el de doctores. El introito de la eucaristía del oficio de doctores reza así: «La boca del justo expone la sabiduría, y su lengua explica el derecho.» O también: «En la asamblea le da la palabra, el Señor lo llena de espíritu de sabiduría e inteligencia, lo viste con un traje de honor.» (Eclo 15,5) Y también: «La boca del justo habla con sabiduría, su lengua dice lo que es recto; porque lleva en el corazón la ley de su Dios.» (Sal 36,30-31) Por su parte, el introito de la eucaristía del oficio de vírgenes reza así: «Dios está en ella, no podrá temblar. Dios la protege con su mirada.» (Sal 45) O también: «Esta es una virgen sensata, una de las prudentes que salió a recibir a Cristo con la antorcha encendida.» Y otra: «Alegrémonos, llenémonos de gozo, porque el Señor ha amado a esta virgen santa y gloriosa.» Y también: «Ven, esposa de Cristo, recibe la corona que el Señor te ha preparado desde la eternidad.» Y finalmente: «Que las vírgenes alaben el nombre del Señor, el único nombre sublime. Su Majestad domina el cielo y la tierra.» (Sal 148,12-13) Boca, sabiduría, lengua, derecho, asamblea, palabra, inteligencia, honor, lo que es recto, corazón y ley son las palabras y expresiones asociadas a los doctores (varones). Ser protegida, ser mirada, ser acompañada, no sucumbir, ser sabia y prudente, salir a recibir a Cristo, mantener la lámpara encendida, ser celebrada, ser amada, santidad, gloria, esposa de Cristo, corona y alabanza a Dios son las palabras y expresiones asociadas a las vírgenes (mujeres).

Los escritos de santa Teresa dejan clara su plena conciencia del *problema de las mujeres* tal y como lo define el feminismo actual:

*a*   el sistema social, cultural y religioso preponderante recluye a las mujeres en el ámbito privado y les dificulta/impide el acceso al ámbito público;

*b*   esto va en contra de la voluntad de muchas mujeres y de sus dotes e inclinaciones naturales, y es, por tanto, inmoral;

*c*   esto es una desventaja para el conjunto de la sociedad, y

*d*   Dios no quiere ni bendice esto, por mucho que sus representantes oficiales en la Tierra lo prediquen.

Santa Teresa amaba a las mujeres, creía en ellas y en sus posibilidades, y supo crear lazos de solidaridad y complicidad que perduraron más allá de su muerte. Los escritos de sus discípulas carmelitas expresan una profunda experiencia de Dios y una libertad de espíritu dignas de su maestra. La beata Ana de San Bartolomé (1549-1626), secretaria personal de santa Teresa durante diez años y su asistente directa en el momento de la muerte —santa Teresa expiró inclinando la cabeza en sus manos—, explica que cuando solo tenía nueve años y aún era analfabeta (la beata Ana no aprendió a leer y a escribir hasta entrar en el Carmelo), quedó profundamente decepcionada por la poca calidad de la homilía de un arzobispo que había ido a su pueblo a predicar, y sintió claramente en su fuero interno que, si se lo hubieran permitido, ella lo habría hecho mejor:

> Había venido allí un gran predicador. […] Yo iba con gran deseo que él dijese grandes cosas […] y el buen hombre no dijo casi nada a mi gu[sto]. […] Y yo dije: Yo lloro porque no ha predicado bien este Padre. […] Si yo pudiera predicar, yo lo dijera mejor a lo que siento.[1]

Ana de San Bartolomé, fundadora y priora del monasterio de carmelitas de Amberes —donde vivió hasta los setenta y siete años y donde se ganó la veneración de todos los que la conocieron—, expresaba sin saberlo la misma llamada y el mismo anhelo que hizo que en aquellos mismos años muchas mujeres devotas de los

---

1. Ana de San Bartolomé, *Obras completas,* ed. Julia Urkisa, vol. I, Edizioni Teresanium, Roma, 1981-85, pp. 294-295.

territorios reformados tomasen la palabra en las asambleas de Iglesia y predicaran la palabra de Dios con resultados, como veremos, diversos según los lugares. En la España de la Contrarreforma, también Isabel de Jesús (1586-1648), antes de hacerse monja agustina recoleta, sintió que Dios la quería predicadora:

Me mandó el Señor un día que tenía de predicar [...] pero tengo esta costumbre de tomar primero parecer de los Confesores para no hacer algún desacierto. [...] Respondió [... mi confesor] que no dio el Señor potestad más que a los hombres para que predicasen.[2]

La misma santa Teresa había quemado, por orden de su confesor, un comentario al Cantar de los Cantares, y una sus discípulas literariamente mejor dotadas, la trinitaria Marcela de San Félix, hija de Lope de Vega, quemó por el mismo motivo cuatro de sus cinco manuscritos. En el siglo XIX fueron censurados también algunos pasajes del único volumen que había sobrevivido: consta de unas quinientas páginas y contiene la vida ejemplar de una monja escrita en clave irónica, y diversos poemas y obras de teatro. Como hemos visto en el caso de Vives, y como demuestra también el caso

2. *Vida de la Venerable Madre Isabel de Jesús, recoleta agustina, en el Convento de san Juan Bautista de la villa de Arenas. Dictada por ella misma y añadido lo que faltó de su dichosa muerte,* Francisco Sanz, Madrid, 1671, p. 73.

de María de Ágreda que veremos a continuación, el peligro de la Inquisición era muy real. Santa Teresa y varias de sus discípulas fueron acusadas y encarceladas durante períodos más o menos largos debido a sus ideas. Esto explica la expresión atribuida a santa Teresa «más vale un confesor inteligente que santo», y justifica también las estrategias de la beata Ana y de la priora María de San José:

A los demás Padres no les digo yo nada, que ellos se quieren más unos a otros que a nosotras. [...] Ésta quémela, no la vea nadie [...] estas cosas [son] para nosotras sólo.[3]

Que también a ellas les toca, como a los hombres, hacer memoria de las virtudes y buenas obras de sus madres y maestras, en cosas que sólo ellas que las comunican pueden saber, y forzosamente ocultas a ellos [...] que si las escribiesen los hombres, porque en caso de escribir y tratar de valor y virtud de mujeres, solemos tenerlos por sospechosos, y a las veces nos harán daño.[4]

3. Ana de San Bartolomé, *Obras completas,* vol. II, pp. 658-659.

4. María de San José, *Libro de recreaciones,* citado por Electa Arenal y Stacey Schlau, «"Leyendo yo y escribiendo ella": The convent as intellectual community (1989)», *Letras Femeninas,* vol. 32, núm. 1 (verano del 2006), p. 134.

María de San José (1548-1603) había conocido a santa Teresa a los catorce años, cuando Teresa tenía cuarenta y siete y había empezado ya su reforma. María se hizo carmelita a los veintidós años. Entre otros cargos, fue priora-fundadora del monasterio de Sevilla, donde convivió con Teresa durante un año. Se conservan sesenta y cuatro cartas de santa Teresa dirigidas a María de San José, que revelan la gran estima y respeto que Teresa le tenía. Igual que su maestra, María fue repetidamente calumniada y encarcelada tanto por los carmelitas calzados como —después de la muerte de santa Teresa y la expulsión de Gracián— por los descalzos seguidores de Doria (primer vicario general de los carmelitas descalzos tras ser estos declarados orden independiente en 1593). María de San José murió a la edad de cincuenta y cinco años, prisionera de los frailes descalzos en una casa aislada, lejos de su comunidad, por haber defendido las constituciones de santa Teresa contra las reformas que introdujo en ellas Doria. Estas reformas, contrarias al espíritu de santa Teresa, prescriben:

*a* que las monjas no puedan escoger ni rechazar al confesor;

*b* que no tengan ningún recreo comunitario;

*c* que recen según un canon preestablecido y no con libertad desde la propia experiencia y sentir, y *d* que la priora deje de ejercer funciones de maestría espiritual y quede reducida a delegada del padre espiritual asignado al monasterio.

Las reformas de Doria prevalecieron sobre el texto y la voluntad de la fundadora, con el resultado de que las constituciones de santa Teresa fueron modificadas en algunos de sus elementos esenciales apenas veinte años después de su muerte.

## MARÍA JESÚS DE ÁGREDA
## Y LA SUBJETIVIDAD DE MARÍA
## DE NAZARET

Las consecuencias de la imposición de los confesores sobre la vida y la producción teológica de las monjas quedan ilustradas por el caso de sor María Jesús de Ágreda (1602-1665), también conocida como *la santa Teresa del Barroco, la Venerable de Soria* o *la dama de azul.*

Desde los veinticinco años hasta su muerte, María de Ágreda fue abadesa del convento de clarisas que su madre había fundado en la casa familiar con sus dos hijas, la tía, las primas y algunas mujeres devotas del pueblo, al mismo tiempo que el padre, los dos hijos, el tío y los primos varones se hacían franciscanos. María Jesús había recibido la confirmación a los cuatro años de manos del obispo Diego de Yepes, biógrafo y último confesor de santa Teresa. Como santa Teresa y Luis Vives, María de Ágreda provenía también de una familia de judíos conversos. La primera versión de su obra *Mística ciudad de Dios* (publicada póstumamente en 1670, a causa de la censura de sus tutores masculinos) fue escrita en su juventud por orden de su confesor. Al cabo de unos años fue quemada íntegramente por ella misma por orden de otro confesor, convencido de que Dios no podía haber escogido a una mujer para un trabajo tan importante. Más adelante, el primer confesor le ordenó que la volviera a escribir. Así lo hizo, y esta vez los ocho volúmenes de la obra fueron a parar a la Inquisición, que la condenó y la incluyó en el Índice a causa de su excesivo marianismo.

En esta obra, *la venerable de Soria* fundamenta teológicamente el dogma de la Inmaculada Concepción, que en aquellos momentos aún no había sido proclamado oficialmente dogma de la Iglesia católica y tenía poderosos detractores, como, por ejemplo, el obispo francés Bossuet (la proclamación del dogma de la Inmaculada Concepción es de 1854). La obra de María de Ágreda expone también la doctrina de la Virgen como corredentora (doctrina desarrollada más recientemente por el papa Juan Pablo II) y como cofundadora de la Iglesia. En esta obra, de aparente ingenuidad y de una gran frescura, la Virgen toma la palabra para explicar sus vivencias y su relación con Jesús, incluida la experiencia de darlo a luz. El relato sitúa en primer plano la subjetividad de María, sus pensamientos y sus sentimientos, y provoca preguntas y planteamientos teológicos poco tratados hasta entonces. En esta obra, la Virgen se refiere a Jesús como «el Hijo de Dios y mío», un título cristológico único que refleja de manera precisa e históricamente adecuada la doble naturaleza de Cristo definida por el Concilio de Calcedonia (450).

Pese a la condena formal de la Inquisición, en el siglo XVIII se permitió imprimir la obra en España gracias a la continuada insistencia del rey Felipe IV —quien tuvo a la abadesa de Ágreda como consejera— y, después, de sus sucesores; se hicieron más de ocho ediciones de esta obra. La amistad entre Felipe IV y María de Ágreda duró más de veintidós años, desde que el rey quiso ir a conocerla a su monasterio hasta la muerte de ella. Su correspondencia consta de más de seiscientas cartas privadas que, aparte de tratar temas teológicos, tratan también de la organización del Estado y de estrategia política. Esta amistad fue crucial para salvar la vida de María de Ágreda en 1650, año en que los inquisidores ordenaron que la abadesa fuera sacada de la cama donde yacía enferma para hacerla prisionera, alertados por los fenómenos de levitación y bilocación que se contaban sobre ella. Se aseguraba que en Nuevo México la habían visto repartiendo rosarios entre los indios *xumanos* y que había realizado más de quinientos viajes en un año. De aquí le viene el nombre de *la dama de azul* o *la monja azul* con que aún es recordada hoy en Texas y en la Baja California. El padre Alonso de Benavides había escrito una memoria histórica de estas apariciones en el año 1630, y en 1631 había viajado a España para entrevistarse directamente con *la dama de azul* en su monasterio.

Ante la Inquisición, María de Ágreda declaró simplemente que siempre había deseado ser misionera en Nuevo México, pero que, como a las mujeres no les estaba permitido, Dios debía de haber enviado a un ángel en su lugar. Además de *Mística ciudad de Dios* y de las cartas a Felipe IV, la obra de María de Ágreda incluye *Escala para subir a la perfección*, *Ejercicio cotidiano*, *Ejercicios espirituales* y *Leyes de la esposa*.

# SOR JUANA INÉS DE LA CRUZ
## Y LA LUCHA CONTRA
## LA CENSURA ECLESIÁSTICA

El mismo año en que María de Ágreda era acusada de aparecerse en México, nacía en aquellas tierras otra futura monja que también destacó por sus dotes intelectuales y porque transgredió algunas de las fronteras que limitaban a las mujeres de su tiempo. Se trata de sor Juana Inés de la Cruz (*ca.* 1650-1695), conocida como *el fénix de América* y *la décima musa*.

La fecha de su nacimiento no se sabe con certeza porque fue hija ilegítima —su padre era un militar vasco, y su madre, una criolla mexicana. Sor Juana Inés aprendió a leer a los cuatro años, y a los ocho, tras devorar la biblioteca de su abuelo materno, incluidas las obras en latín, pidió que la vistieran de varón para poder matricularse en la universidad. De adolescente, ante la imposibilidad de que su talento le abriera las puertas de la universidad, puesto que el acceso de las mujeres a los estudios superiores estaba prohibido,

Juana Inés entró al servicio de la virreina y se pudo educar en su corte. A los dieciocho años entró en un convento de carmelitas descalzas, de donde salió enferma y espantada pocos meses después a causa de las severas disciplinas y autoflagelaciones que se practicaban allí y que no tenían nada que ver con el espíritu de su fundadora, santa Teresa. A los diecinueve años, Juana Inés se hizo monja jerónima.

Sus obras literarias —poemas y piezas teatrales— eran muy celebradas tanto entre el pueblo (escribió muchos villancicos y otras canciones mezclando con gran creatividad su castellano barroco con palabras y expresiones en nauhatl, la lengua azteca), como entre los nobles con quienes había convivido en la corte; no obstante, a medida que crecía su fama, crecía también la indignación de algunos de los eclesiásticos de su entorno más inmediato. La marquesa de Laguna fue una gran amiga suya y la protegió entre 1680 y 1688, período en el que su esposo fue virrey de Nuevo México. Gracias a ella, sor Juana pudo despedir a su confesor después de que este la difamara públicamente. En 1688, los marqueses de Laguna regresaron a España —donde la marquesa hizo publicar con gran éxito la obra poética de Juana Inés—, y la administración de Nuevo México pasó a manos del arzobispo Aguiar Sojías, conocido por su misoginia.

Siendo Aguiar Sojías la máxima autoridad civil y religiosa en Nuevo México, se produjo el intenso debate político y teológico sobre la libertad de expresión y el papel de las mujeres en la Iglesia y la sociedad, que llevó hasta el límite la capacidad de resistencia de sor Juana. Sor Juana fue el centro de este debate y el blanco de las devastadoras críticas y la ira profunda de algunos eclesiásticos. La mayoría calló. Algunos se pusieron a favor de ella y también, como ella, lo pagaron muy caro. El desencadenante de la crisis fue la *Carta atenagórica* (1690) escrita por Juana Inés a petición de su supuesto amigo, el obispo Santacruz de Puebla, y publicada por este —que fue quien le dio el título para dar a entender que era una carta digna de la diosa de la sabiduría— sin el consentimiento de sor Juana.

En este documento, sor Juana defiende la teología de san Agustín, de san Juan Crisóstomo y de santo Tomás contra las tesis críticas que el eminente jesuita portugués António Vieira había desarrollado en su *Sermón del Mandato* cuarenta años antes. La fama de Vieira no tenía rival en su época, hasta el punto de que cuando alguien destacaba en teología se decía de él que era «el Vieira de México» o de Perú o del lugar donde residiera el teólogo en cuestión. Vieira había sido político en Portugal y diplomático en Francia, Holanda e Italia. Tal era su arrogancia, que en el sermón en el que expone las tesis que sor Juana le rebate, Vieira se permite hablar así:

> Referiré primero las opiniones de los santos y después diré también la mía; mas con esta diferencia, que ninguna fineza de amor de Cristo dirán los santos a que yo no dé otra mayor que ella. Y a la fineza de amor de Cristo que yo dijere, ninguno me ha de dar otra que la iguale.[1]

El hecho de que Juana demoliera con tanta eficacia y solidez teológica las tesis del eclesiástico más preeminente de su época no se toleró. Tras recibir la admirativa felicitación de algunos profesores de teología de Portugal por su trabajo, los ataques no se hicieron esperar. Empezaron suaves en forma de discusión teológica, pero —en vista de la solidez de los argumentos de sor Juana en este terreno— pasaron a la descalificación personal directa y al ataque contra su atrevimiento por hablar de teología y discutir con los varones. Sor Juana Inés respondió públicamente con una defensa abierta, prudente y contundente a la vez, del derecho de las mujeres a la educación superior y al estudio y la práctica de la teología.[2] Recordemos que

1. António VIEIRA, *Sermón del Mandato,* citado en *Revista de Indias,* vol. II, núm. 43-44 (enero-junio de 1951), pp. 61-87.

2. *Réplica a sor Filotea de la Cruz,* 1691. Sor Filotea de la Cruz era el pseudónimo que utilizó el obispo Santacruz para alabar y criticar a la vez a sor Juana, en un documento ambiguo que

a raíz del Concilio de Trento (1545-1563) no solo se había impuesto a las monjas la clausura estricta (desde los diecinueve años, sor Juana no había salido ni una sola vez del recinto de su monasterio), sino que se consideraba ilícito para una monja estudiar latín, que era la lengua oficial de la Iglesia y de la teología. En su respuesta, sor Juana habla de la importancia de las *voces desconformes*, analiza las causas de la exclusión de las mujeres, y plantea algunas propuestas prácticas para solucionar este problema.

Después de la publicación de la réplica de sor Juana, el arzobispo Aguiar le prohibió terminantemente que escribiera nunca nada más. El peligro de la Inquisición estaba muy cerca, especialmente porque en aquellos momentos el principal censor de la Inquisición en Nuevo México era el confesor que sor Juana había despedido unos años antes amparada por la virreina, que ahora ya no estaba allí para defenderla. Al cabo de dos años de haber escrito su *Réplica*, sor Juana Inés se arrepintió públicamente de haber considerado sus trabajos intelectuales más importantes que la devoción, hizo donación de su biblioteca —que contenía cuarenta mil volúmenes y era la biblioteca privada más grande de América— y de su colección de instrumentos musicales y matemáticos, y dejó de escribir

---

acompañó la publicación de la *Carta atenagórica*.

para dedicarse a cuidar de los pobres. Al cabo de dos años, murió de una infección mientras cuidaba de las hermanas enfermas de su monasterio. Tenía cuarenta y cinco años. El poeta mexicano Octavio Paz (premio Nobel de literatura en 1990) le dedicó su libro *Sor Juana Inés de la Cruz o Las trampas de la fe* (1982), donde defiende que sor Juana no se retractó nunca de lo que había escrito y demuestra que el título de su declaración fue añadido después que ella la firmara. En uno de sus poemas, Juana había escrito:

> No soy la que pensáis,
> sino es que allá me habéis dado
> otro ser en vuestras plumas
> y otro aliento en vuestros labios.

Dicen que, después de muerta, se encontró un poema a medio escribir escondido en su celda. Durante todo el siglo XX han ido apareciendo nuevos documentos que acreditan la batalla de los dos años previos a la renuncia pública de Juana como una lucha consciente mantenida a favor de la libertad de expresión. Entre los documentos encontrados consta el proceso inquisitorial completo instituido contra el presbítero Javier Palacino, quien en 1691 se puso del lado de sor Juana y de sus tesis. En el año 2004 se descubrió en la Biblioteca Nacional de Perú un nuevo documento de la época de sor Juana que defiende sus tesis y su persona.

## EL AUGE DE LA ACTIVIDAD LITERARIA
## DE LAS MUJERES EN EL SIGLO XVII

El caso de sor Juana Inés de la Cruz es un ejemplo de la situación que unos años antes había descrito con gran lucidez la novelista y poetisa María de Zayas y Sotomayor (1590-1661), la otra gran pluma femenina del siglo de oro español al lado de santa Teresa y, como ella, explícita precursora feminista.

María de Zayas, llamada *la sibila de Madrid* y profundamente admirada por Lope de Vega, escribió numerosas obras, entre las cuales destacan sus novelas ejemplares, de una gran penetración psicológica. En estos relatos, Zayas advierte repetidamente a las mujeres, tanto por medio de situaciones cómicas como dramáticas, de los peligros de definirse en función de los varones, e insiste en la importancia de cultivar la colaboración práctica y la amistad entre mujeres. A principios del siglo XVII, escribía María de Zayas:

En la era que corre estamos con tan adversa opinión con los hombres, que ni con el sufrimiento los vencemos ni con la conciencia los obligamos. [...] ¿Por qué, vanos legisladores del mundo, atáis nuestras manos para la venganza, imposibilitando nuestras fuerzas con vuestras falsas opiniones, pues nos negáis letras y armas? ¿Nuestra alma no es la misma que la de los hombres? [...] Por tenernos sujetas desde que nacimos, vais enflaqueciendo nuestras fuerzas con temores de la honra, y el entendimiento con el recato de la vergüenza, dándonos por espadas ruecas, y por libros almohadillas.

Después de gozar de gran éxito entre sus contemporáneos, la obra de María de Zayas fue paulatinamente olvidada e ignorada por la crítica hasta que a finales del siglo XIX otra mujer, Emilia Pardo Bazán, redescubrió a esta autora, como literata y como feminista.

En la segunda mitad del siglo XVII, la actividad literaria de las mujeres experimentó un verdadero apogeo en Europa. Entre 1640 y 1700, solo en Inglaterra, hubo cuatrocientas mujeres escritoras (que, sin embargo, son autoras únicamente de un 1 % de los textos publicados en este período). La mayoría de estas autoras —como la mayoría de los autores varones— no escribían desde una perspectiva feminista, sino desde una perspectiva religiosa conservadora que defendía la sumisión de las esposas a sus maridos. Esta visión se expresó sobre todo en manuales de educación escritos por mujeres de una cierta edad y dirigidos a sus hijas, sobrinas y nietas, con el objetivo de que las mujeres más jóvenes aprendan «a amar a sus maridos y a sus hijos» (Tit 2,4), es decir, aprendan a aceptar las desigualdades de la familia patriarcal sin rebelarse, como voluntad de Dios.

Entre las autoras que sí se rebelan contra las desigualdades y la sumisión, no todas tienen tampoco una perspectiva feminista. La diversidad es más o menos como la que existe en nuestros días. Hay escritoras que se rebelan en solitario y desprecian a las mujeres menos dotadas o menos rebeldes con calificativos propios de la peor misoginia. Las hay que aspiran a ser como los varones. Las hay que adoptan una perspectiva de clase y se consideran antes aristócratas que mujeres (por ejemplo, Lady Margaret Cavendish, duquesa de Newcastle). Entre las que adoptan una perspectiva que hoy podríamos llamar *feminista*, algunas de las más significativas de este período son Marie de Gournay, Bathsua Makin, Anna Maria van Schurman, Margaret Fell y Mary Astell. Resulta imposible, en una breve introducción como esta, entrar en el detalle de la vida y la extensa obra de cada una de estas autoras. Intentaré presentarlas de forma concisa destacando la importancia que tienen para la teología feminista.

## MARIE DE GOURNAY, BATHSUA MAKIN
## Y ANNA MARIA VAN SCHURMAN

LA CATÓLICA FRANCESA Marie de Gournay (1565-1645) fue filósofa y teóloga, pero acostumbra a ser citada solo como editora y comentarista de las obras de Montaigne (1533-1592), con quien vivió una profunda amistad. Gournay defendió la igualdad entre mujeres y varones en todos los ámbitos del saber, del gobierno público y de la Iglesia, incluido el sacerdocio:

> Todas las naciones antiguas han concedido el sacerdocio a las mujeres, sin hacer diferencia en este punto entre ellas y los varones. Y los cristianos se han visto como mínimo forzados a reconocer que las mujeres son capaces de administrar el sacramento del bautismo: ahora bien, la facultad de administrar los otros sacramentos, ¿les puede ser justamente negada, si la facultad de administrar el bautismo les es justamente concedida? Se podría pensar que la necesidad de los niños pequeños agonizantes forzó a los padres antiguos a autorizar este

uso a su propio pesar: sin embargo, es totalmente segu-
ro que los padres no habrían creído que la necesidad los
excusara de obrar contra lo que es recto, hasta el punto
de violar y difamar la administración de un sacramen-
to. Por ello, por el hecho de haberles sido reconocida
la capacidad de administrar el bautismo, se ve claro
que la prohibición de administrar los otros sacramen-
tos tiene por objetivo mantener intacta y preservar la
autoridad de los varones; ya sea para honrar a su sexo,
ya sea para que en todos los lugares reine la paz en las
relaciones entre los sexos gracias al debilitaminento y al
abajamiento de uno de los dos. Ciertamente, san Jeró-
nimo escribió con sabiduría respecto a este punto: que
en cuanto al servicio de Dios, el espíritu y la doctrina
son los que valen, y no el sexo.[1]

Según Gournay, la masculinidad de Jesús es acciden-
tal y no esencial, y se explica por razones de tipo histórico, y no metafísico:

Si los varones se sienten honrados como tales por el
hecho de que Jesucristo naciera de su sexo, hay que re-
cordarles que la razón fue simplemente la decencia: si
Jesucristo hubiera sido una mujer, le habría sido imposible salir de casa a cualquier hora del día o de la noche
para mezclarse con las multitudes y convertirlas para su

1. Marie DE GOURNAY, *Égalité des hommes et des femmes*,
s. l., 1622, p. 22.

salvación sin crear un escándalo, especialmente a causa de la malicia de los judíos.[2]

Gournay destaca también que las mujeres, igual que los varones, han sido creadas a imagen de Dios, y atribuye la cita de san Pablo que conmina a las mujeres a no hablar en la iglesia a la vulnerabilidad de los varones, que tienen miedo de ser tentados por ellas —es el tema de la debilidad de la subjetividad masculina. En *Grief des dames* (1626), Gournay lamenta que los hombres no consideren seriamente las capacidades intelectuales de las mujeres, y se da cuenta de que los varones tienen miedo. Lo que Gournay no explica es por qué los varones tienen este miedo. Esta es una pregunta de largo alcance que, quizás, solo el siglo XXI está en disposición de contestar.

Gournay estaba convencida de que la desigualdad entre mujeres y varones resulta perjudicial para las dos partes, y que la igualdad sería para todos una situación mejor. No obstante, constató que, mientras que la mayoría de las mujeres tenían interés en leer lo que escribían los varones, la mayoría de los varones no tenían interés en leer lo que escribían las mujeres: «Ya que incluso entre los autores, vivos y muertos, que han

2. *Ibidem*; nótese el antisemitismo de la última frase: la percepción de la propia discriminación no siempre abre los ojos a la que sufren los otros.

adquirido una sólida reputación literaria en nuestros días y que han escrito trabajos de una gran seriedad, he conocido algunos que menosprecian los libros escritos por mujeres sin haberse molestado en leerlos.»[3]

Esta situación, igual que la desigualdad económica que he señalado más arriba, perdura también en nuestros días. Las asociaciones de mujeres científicas y escritoras de diversos países han pedido reiteradamente —de momento, sin éxito— que se establezca el anonimato en la entrega de artículos y trabajos literarios y de investigación, porque han constatado que las obras firmadas por una mujer acostumbran a valorarse de forma menos positiva que las obras firmadas por un varón.

Mientras Marie de Gournay defendía en París la igualdad de género, su contemporánea y amiga Bathsua Makin hacía lo propio en Londres. Bathsua (Betsabé) Makin (1600-1675) fue profesora de lenguas antiguas y modernas en la escuela que dirigía su padre, y fue también tutora de la princesa Elizabeth. A los setenta y tres años de edad, Makin defendía así la necesidad de educar a las niñas:

Si hay alguien tan vanidoso como para estar contento con el adiestramiento tipo primate que prevalece en

3. *Ibid.*, p. 25.

nuestros días, y desea que sus hijas sean vestidas por fuera como muñecas en lugar de engalanadas interiormente con el conocimiento, dejadle hacer; pero después que no se queje si estas marionetas se casan con bufones y engendran y crían una generación de babuinos, más parecidos a los primates y a los caballitos de feria que a los humanos. No tengo palabras para denunciar la bárbara grosería que significa tolerar que una parte —casi iba a decir la mejor parte— de los seres humanos quede reducida a la condición de bestias.[4]

En la introducción de su obra, Makin argumenta que si Dios hubiera querido que las mujeres se sometieran a los varones, no las habría dotado de una razón de igual calidad que la de ellos.[5] Makin tuvo nueve hijos y consiguió dar a todas las niñas una educación de igual calidad que la de sus hermanos. En 1640, Makin inició una densa y apasionante correspondencia en griego con Anna Maria van Schurman, conocida como la *Minerva de Holanda* y también —igual que sor Juana Inés— como *la décima musa*.

Anna Maria van Schurman (1607-1678) fue probablemente la mujer más culta del siglo XVII. Aparte de conocer las lenguas europeas clásicas (griego y

4. Bathsua MAKIN, *Essay to revive the antient education of gentle-women, in religion, manners, arts & tongues*, J.D., Londres, 1673, p. 296.
5. *Ibid.*, p. 12.

latín) y modernas (alemán, holandés, inglés, francés, italiano y castellano), su interés por la Biblia la llevó a dominar también el hebreo, el arameo, el árabe, el siríaco y el etiópico, idioma para el que escribió una gramática. Van Schurman destacaba también en matemáticas, astronomía, pintura y escultura, pero sus pasiones eran la filosofía y la teología. Conocía en profundidad el pensamiento de Aristóteles, san Agustín y santo Tomás de Aquino, y sobresalía en el dominio de la lógica y las técnicas de la argumentación escolástica.

A la edad de veinticinco años, van Schurman mantenía correspondencia regular con eruditos y estudiosos de la Universidad de Leiden, particularmente con el teólogo André Rivet, por quien van Schurman sentía gran afecto y respeto. Cuando van Schurman tenía veintinueve años se inauguró la Universidad de Utrecht, y el rector le pidió que escribiera una oda para la ocasión. Es un poema de treinta versos en el que van Schurman, después de alabar a la institución universitaria y la búsqueda del saber, hace mención explícita de la exclusión de las mujeres:

> También de ti, Utrecht, saldrá una prosperidad
>     pacífica, los frutos del intelecto,
> que proclamarán las bocas elocuentes de los iniciados
>     de Minerva.

Y sin embargo —quizás me preguntaréis—,
   ¿qué inquietud se esconde en tu pecho?
¡Ay, estos sagrados recintos son inaccesibles al coro
   de vírgenes de Minerva![6]

Como favor personal, el rector de la Universidad de Utrecht, gran admirador de van Schurman, le permitió cursar estudios de literatura, derecho, ciencias y teología. Como oficialmente estaba prohibido a las mujeres estudiar en la universidad, la *Minerva de Holanda* tenía que sentarse en un lugar especialmente preparado para ella al final del aula detrás de una cortina, y no podía participar en los debates. Un año después de la inauguración de la universidad, murió su madre, y van Schurman se quedó a cargo de la casa y del cuidado de dos tías enfermas. Durante más de veinte años, van Schurman combinó —como hacen aún hoy día la mayoría de las mujeres— trabajo intelectual y trabajo doméstico.

En 1639, van Schurman publicó una obra de bioética —*De vitæ humanæ termino*— donde discutía el lugar de la fe y de la ciencia en el acompañamiento de los enfermos terminales. En 1641 —cinco años después de que el anciano Rivet le dejase claro que consideraba

---

6. Anna Maria VAN SCHURMAN, *Academiæ Ultrajectinæ inauguratio una cum orationibus inauguralibus*, 1636, versos 17-20.

el intelecto de van Schurman una excepción impropia de su sexo, e insistiera en que su caso no demostraba la capacidad intelectual de las mujeres en general—, van Schurman publicó *Dissertatio, de ingenii mulieribus ad doctrinam, et meliores litteras aptitudine* ('De la aptitud de la mente femenina para las ciencias y las letras', traducido al francés en 1646 y al inglés en 1659 con el título de *Sobre si una doncella cristiana puede ser una erudita* y también *La doncella culta*). A diferencia de Makin o de Gournay, el estilo de van Schurman no es nunca irónico ni ligero, y su argumentación no es tampoco nunca histórica ni social, sino exclusivamente filosófica y teológica. Van Schurman hace avanzar su tesis por medio de silogismos concatenados que van precedidos de una definición precisa de los términos que utiliza. Con este método, van Schurman llega paso a paso a la conclusión de que:

1   No tan solo tiene que ser *posible* para todas las mujeres que carezcan de otras obligaciones más inmediatas (como, por ejemplo, la responsabilidad de las tareas domésticas y el cuidado del marido y de los hijos) acceder a los estudios superiores sin ningún límite en profundidad ni extensión —es decir, incluyendo entre ellos, «aunque no lo ejerzan nunca», todas las ramas del saber científico, la política y el conjunto de los conocimientos necesa-

rios a los eclesiásticos—, sino que el acceso a estos estudios y el ejercicio riguroso de las dotes intelectuales que estos estudios exigen es un deber de toda mujer; *deber humano* desde un punto de vista filosófico, porque el conocimiento es un bien moral y la persona está obligada a la excelencia dentro de sus propias posibilidades; y *deber cristiano* desde un punto de vista teológico, porque la creación ha sido hecha por Dios para que le alabemos a través de ella, y toda mujer cristiana tiene el deber de fundamentar esta alabanza en el conocimiento de las maravillas que Dios ha obrado en nosotros y en la totalidad de su creación.

2   El imperativo filosófico y teológico a la excelencia tiene un corolario ético: es inmoral dificultar o impedir el acceso de las mujeres a la educación superior a causa de su sexo. Al deber de las mujeres de hacer rendir su intelecto, corresponde el deber de la sociedad y de la Iglesia de no dificultar ni impedir este desarrollo, antes bien potenciarlo tanto como sea posible, siempre que este no interfiera con el derecho primario de cuidar de la casa, el marido y los hijos.

Marie de Gournay defendía la participación de las mujeres en el ámbito público en igualdad de condiciones con los varones con una argumentación civicopolítica que podríamos considerar propia del genio francés. Bathsua Makin defendía el ámbito privado del hogar como el ámbito propio de las mujeres, y argumentaba que, para ser buenas esposas y madres de familia, las mujeres debían formarse intelectualmente; esta es una argumentación positivista que podríamos considerar propia del genio inglés. Van Schurman, por su parte, discurre metafísicamente y defiende una concepción trascendental e idealista del intelecto de las mujeres, que podríamos considerar propia del genio alemán —van Schurman había nacido en Colonia y su madre era alemana. Igual que Makin (y a diferencia de Gournay), van Schurman acepta que el ámbito de las mujeres sea el ámbito privado, pero no por ello instrumentaliza la formación intelectual de las mujeres, tal como hace la autora inglesa. Al contrario. Para la «positivista» Makin, el argumento más sólido a favor de la educación de las niñas es «el mejor ejercicio futuro de sus funciones maternales y sociales»; para van Schurman, en cambio, la fundamentación del derecho de las mujeres a la formación intelectual radica únicamente en su obligación a la excelencia, al perfeccionamiento moral y espiritual que da gloria a Dios. El *motto* de van Schurman era: «Todo lo que conduce a la verdadera grandeza del alma es apropiado para una mujer cristiana.»

En contra de los que dudaban de que las mujeres —dejando aparte algunas excepciones extraordinarias como, por ejemplo, la misma van Schurman— fuesen en general capaces de un estudio serio y prolongado, o que tuviesen algún interés en ello, van Schurman escribió: «Nadie puede juzgar nuestra habilidad para el estudio hasta que, primero, con la mejor intención y con todo el apoyo de que sea capaz, no nos haya animado a llevar adelante un estudio riguroso para que adquiramos el gusto por el tesoro que un estudio así supone.»

Gournay era soltera y había vivido una gran amistad con un varón que creía en la igualdad de género; Makin estaba casada y tenía nueve hijos; Van Schurman era célibe y cuidaba de sus tías enfermas. Cada una de estas autoras habla desde la propia experiencia y utiliza los recursos culturales de su entorno, pero las tres coinciden en denunciar de forma clara las injusticias que limitan a las mujeres de su tiempo y en exponer la radical falsedad del discurso oficial sobre la feminidad, que intenta definir la vida y el ser de las mujeres en función de su relación con los varones. Las tres autoras se rebelan contra la pretensión de la teología oficial de su tiempo —y, en algunos casos, también del nuestro—, que enfatiza que la mujer ha sido creada «por causa del varón» (1Co 11,9) y que, por ello, debe estar de algún modo más orientada a él que no a «las cosas del mundo». Según esta visión tradicional, la familia y la sociedad funcionan armónicamente cuando las mujeres se ocupan de los varones (trabajo no remunerado) y los varones se ocupan de las cosas del mundo (trabajo remunerado).

Lejos de tratarse de una visión superada, esta es una manera de concebir las relaciones entre mujeres y varones que sigue vigente y que —cuando no se tienen en cuenta las consecuencias psicológicas y prácticas de la dependencia económica— suele ser más aceptada en nuestros días que la visión feminista según la cual tanto la mujer como el varón deben considerarse igualmente responsables el uno del otro, de la casa, de los hijos, de las personas enfermas, de los ancianos y de las cosas del mundo.

A los sesenta y dos años de edad, después de que muriesen las tías que cuidó durante más de veinte años, van Schurman —con gran sorpresa y escándalo de la sociedad de su tiempo— abandonó su hogar y su modus vivendi para unirse al proyecto utópico de Jean de Labadie, un exjesuita convertido a la Reforma y fundador de un movimiento cristiano carismático e igualitario. Los labadistas fueron perseguidos por sus ideas, tanto en tierras católicas como protestantes. Uno de los pocos gobernantes que les dio su apoyo fue la princesa Elisabeth de Bohemia, amiga de van Schurman y, en aquellos momentos, abadesa de la canonjía protestante de Herford.

Durante los años de la persecución, van Schurman escribió su última obra, *Eukleria* (1673). El título hace referencia a una frase de Jesús que se encuentra en el Evangelio de Lucas. Después de que Marta se queje de que su hermana María no la ayuda en las tareas domésticas porque prefiere escuchar y meditar las palabras de Jesús, Jesús dice a Marta: «Marta, Marta, andas inquieta y preocupada por muchas cosas, cuando en realidad una sola es necesaria. María ha escogido la mejor parte, y nadie se la quitará.» (Lc 10,41-42) *Eukleria* en griego significa 'la buena elección'. Esta obra representa para algunos de los biógrafos de van Schurman un rechazo de la razón a favor del pietismo fideísta. Otros, en cambio, descubren en este texto una voz femenina más libre y más segura de sí que en las anteriores obras de la autora. En *Eukleria* van Schurman habla por primera vez con autoridad propia:

Sin embargo, ya que hay varones eruditos y eminentes que consideran mi anterior estado de vida en todo más excelente y admirable que el actual, y opinan que la decisión de cambiar el uno por el otro solo se podría justificar, en todo caso, con el consentimiento previo de todos mis amigos, o incluso con el aplauso del conjunto del mundo literario (porque es a estos amigos y a este mundo a quienes debo lo que soy), [...] ofreceré a continuación mis razones, juntamente con los argumentos que les dan apoyo.[7]

No obstante sus pasajes misóginos, el énfasis en la dignidad humana de Aristóteles, san Agustín y santo Tomás de Aquino había ayudado a van Schurman a fundamentar la igualdad teórica de las mujeres, pero no fue en estos autores en quienes descubrió la igualdad práctica. Después de haber aceptado y defendido toda su vida que —a pesar de su absoluta igualdad intelectual— el ámbito propio de las mujeres es el hogar y el ámbito propio de los varones es el espacio público, van Schurman descubrió en el Evangelio de Lucas una verdad más honda, una libertad más honda. Quizás Labadie fuera en realidad el fanático quietista que nos describen algunos de sus biógrafos, pero ello no es óbice para que, gracias a su predicación, la cortina tras la cual la intelectual superdotada se había recluido desde sus días de estudiante, se descorriera al final de su vida, permitiendo a van Schurman, por primera vez más allá de la teoría, acceder a un espacio igualitario en el ámbito de la realidad.

7. Anna Maria VAN SCHURMAN, *Whether a Christian woman should be educated and other writings from her intellectual circle,* editado y traducido por Joyce L. Irving, University of Chicago Press, Chicago, 1998, p. 76.

En la segunda parte de *Eukleria,* publicada póstumamente, van Schurman describe la felicidad que ha encontrado en su nueva vida. Su biógrafa, Mirjam de Baar, compara *Eukleria* con las *Confesiones* de san Agustín, y considera —en contra de las acusaciones de antiintelectualismo— que es en esta última obra donde van Schurman nos ofrece sus aportaciones filosóficas y teológicas más valiosas.

## MARGARET FELL
## Y LA IGUALDAD MUJER-VARÓN
## EN LOS MINISTERIOS CRISTIANOS

El labadismo no tuvo continuidad, pero en este mismo siglo se había fundado en Inglaterra otro movimiento cristiano igualitario que Elisabeth de Bohemia también protegió y que ha perdurado hasta nuestros días. En el siglo XX, la tarea humanitaria de los miembros de este movimiento ha sido reconocida en tres ocasiones con la concesión del premio Nobel de la Paz (1946, 1947 y 1959). Han sido miembros de este movimiento los pioneros antiesclavistas del siglo XVII John Woolman y Anthony Benezet; las pioneras y el pionero de la reforma humanitaria de manicomios y prisiones Alice Paul, William Tuke y Elizabeth Fry, y las antiesclavistas feministas del siglo XIX Lucrecia Mott y Susan B. Anthony.

Este movimiento cristiano es la Sociedad de Amigos. Sus miembros también se conocen bajo el nombre de *cuáqueros,* desde que George Fox (1624-1691), su fundador, respondió al juez que lo acababa de condenar que quien debería *temblar* —en inglés, *quaker*— sería él [el juez] ante el juicio de Dios. Sus adversarios usaron la palabra *quaker* para reírse de los seguidores de Fox, y ellos la reciclaron en positivo.

Tras ser perseguidos por su oposición al servicio militar, la mayoría de cuáqueros se trasladaron a los Estados Unidos de América (EUA) donde, no sin graves dificultades —en Boston, en los años 1659-1661, colgaron a cuatro de ellos por disensión religiosa—, finalmente consiguieron establecerse en el estado de Pensilvania —que se llama así en honor del cuáquero William Penn. La capital de este estado tiene el nombre que le dieron los cuáqueros, Filadelfia, que significa 'la que ama a los amigos o hermanos', y aún hoy tiene fama de ser una ciudad tolerante y solidaria. Actualmente, los cuáqueros son unos doscientos mil en todo el mundo, son miembros fundadores del Consejo Mundial de las Iglesias, y participaron como observadores oficiales en el Concilio Vaticano II (1962-1965). No tienen jerarquía, pero esto no les impide superar el individualismo en la interpretación del texto bíblico y en el discernimiento de la voluntad de Dios, ya que consideran que es la comunidad reunida la que tiene que discernir qué dice el Espíritu a las Iglesias: «Porque donde están dos o tres reunidos en mi nombre, allí estoy yo en medio de ellos.» (Mt 18,20)

Entre los cuáqueros ha existido desde el principio la igualdad mujer-varón en todos los ministerios. No podemos saber si la predicación de Fox habría dado lugar a un movimiento estable sin Margaret Fell (1614-1702), conocida como «la madre de los cuáqueros». Cuando se conocieron (1652), Fox tenía veintiocho años y era soltero. Fell tenía treinta y ocho años, llevaba veinte casada y tenía nueve hijos. Recientemente se han descubierto las páginas del diario de Fell que corresponden a sus primeros encuentros. En estas páginas, Fell narra que Fox fue brutalmente golpeado en la ciudad de Derby por haber hablado a favor de una mujer que había tomado la palabra en una asamblea litúrgica para hacer una pregunta, y a la que el predicador había mandado callar diciendo que a las mujeres no les está permitido hablar en la casa de Dios.

Episodios como el de Derby impresionaron a Fell, y esta sintió que Dios la llamaba a apoyar a Fox, ese joven tan valiente y lleno de Dios, pero tan poco práctico. Tras la muerte de su esposo (1658), Fell convirtió la casa y las propiedades donde vivía en lugar de encuentro y celebración de la fe para los primeros cuáqueros, que estaban convencidos de que Dios no reside en las «casas que tienen torretas en lo alto» —los cuáqueros llamaban y aún llaman así a las iglesias—, sino en el corazón de cada persona y en medio de los que se reúnen en su nombre. En 1662, Fell fue encarcelada como responsable cuáquera y perdió todas sus propiedades. Desde la cárcel continuó escribiendo a favor de la Sociedad de Amigos, de la cual por aquel entonces formaban parte también ocho de sus nueve hijos. Entre sus escritos de este período destaca su réplica a los que creen que Dios no ha otorgado a las mujeres, de la misma manera que a los varones, el ministerio de la predicación y de la interpretación de la Palabra.[1]

En esta obra, Fell insiste en que tanto el Antiguo como el Nuevo Testamento dan testimonio de que Dios otorga el don de su Espíritu —fundamento de todos los ministerios cristianos— a quien le place, sin hacer distinciones entre mujer y varón. Del Antiguo Testamento, Fell cita, entre otros, el caso de la jueza Débora, que fue la máxima autoridad religiosa, política y militar de Israel (Jue 4,4 y s.), y el de la profetisa Hulda, que vivió en tiempos del rey Josías y a quien los sacerdotes del templo de Jerusalén fueron a buscar para pedirle que les interpretara el libro de la Ley (2Re 22,24 y s.). Del Nuevo Testamento, Fell destaca el caso de la profetisa Ana, quien «se puso a

1. *Women's speaking justified, proved and allowed of by the Scriptures, all such as speak by the spirit and power of the Lord Jesus: and how women are the first that preached the tidings of the resurrection of Jesus, and were sent by Christ's own command, before he ascended to the Father,* Londres, 1666.

dar gloria a Dios y a hablar del niño a todos los que esperaban la liberación de Jerusalén» (Lc 2,38), y el de las cuatro hijas del diácono Felipe, «que tenían el don de la profecía» (Hch 21,9). Después de analizar detenidamente estos y otros pasajes de las Escrituras, Fell concluye:

> Que sirva lo que he expuesto para detener el espíritu de contradicción que busca oponerse al poder y al espíritu del Señor Jesús, que derrama su Espíritu sobre toda carne, sobre sus hijos y sobre sus hijas, ahora y en el momento de su resurrección. Ya que el Señor Dios en el momento de la Creación, cuando creó a la humanidad a su propia imagen, la hizo varón y mujer; ya que Jesucristo, tal como dice el Apóstol, nació de una mujer después de que el Altísimo la cubriera con su sombra y el Espíritu de Dios descendiera sobre ella, y el fruto de sus entrañas fue llamado Hijo de Dios; ya que el Señor Jesús, mientras estaba en la tierra, manifestó su amor, su voluntad y su pensamiento a la mujer samaritana, a Marta y a su hermana María, y también a otras mujeres, tal como he mostrado; ya que después de la resurrección se manifestó a las mujeres antes que a nadie, incluso antes de subir al Padre: «Jesús resucitó en la madrugada del primer día de la semana y se apareció en primer lugar a María Magdalena» (Mc 16,9); ya que el Señor Jesús se ha manifestado Él mismo y ha manifestado su poder sin hacer acepción de personas; por todo esto, que cesen las lenguas que lo quieren limitar,

a Él que tiene un Poder y un Espíritu infinitos, y que los ha querido derramar sobre toda carne.

Que sirva lo que he expuesto para interpretar correctamente los dos pasajes de la escritura que los ministros de la oscuridad han convertido en piedra con la que tropezar y han agrandado hasta hacer de ellos una montaña: 1Cor 14,34-35 y 1Tim 2,11-12. No obstante, el Señor ya está trabajando para cambiar todo esto y para retirar este obstáculo del camino.

Fell escribió estas palabras en 1666. En 1976, trescientos años más tarde, la Iglesia anglicana de los EUA ordenó a las primeras mujeres al ministerio sacerdotal, y el papa Pablo VI encargó a la Comisión Bíblica Pontificia que estudiara si las Escrituras justifican o no la exclusión de las mujeres de los ministerios eclesiales ordenados. La Comisión Bíblica, tras citar y comentar los mismos pasajes que Fell había citado y comentado en 1666, concluyó como ella que las Escrituras no justifican la exclusión de las mujeres de ningún ministerio eclesial.

En 1668, tras cuatro años de cárcel, Fell fue liberada. En 1669, Fell y Fox se casaron, y ese mismo año Fell volvió a ser encarcelada. En 1670, Fell fue liberada, y en 1673 fue encarcelado Fox. Fox murió a los sesenta y seis años de edad. Fell vivió hasta los ochenta y ocho, y pudo ser testigo de la legalización parcial de los cuáqueros en Inglaterra y en sus colonias (EUA).

## MARY ASTELL Y LA ACTIVIDAD
## INTELECTUAL DE LAS MUJERES

EL AÑO EN QUE FELL escribía desde la cárcel su defensa del derecho de palabra de las mujeres en la Iglesia, nacía en Newcastle Mary Astell (1666-1731), conocida principalmente por su obra *A serious proposal to the ladies for the advancement of their true and greatest interest.* La primera parte de esta obra fue publicada en 1694, cuando la autora tenía veintiocho años, y la segunda, al cabo de tres años. Según Astell, el interés más grande y verdadero de las damas es su educación. Astell es consciente de la incompatibilidad que existe en el caso de las mujeres entre la vida intelectual y la vida familiar tal como se concibe tradicionalmente. Por esto, propone que las mujeres tengan una alternativa al matrimonio que sea socialmente tan digna y aceptable como este. Astell propone la creación de una especie de monasterios seculares abiertos, adonde las mujeres que lo deseen puedan ir a vivir, a fin de dedicar su vida a la profundización y el disfrute de sus intereses intelectuales. Esta posibilidad estaba, en la práctica, abierta solo a las aristócratas. Astell no era aristócrata y vivió toda la vida gracias al apoyo generoso de sus mecenas. Por ello creía que se podrían encontrar mecenas que financiaran estos centros intelectuales femeninos.

Mientras Astell trabajaba en la segunda parte de su *Propuesta*, el reverendo John Norris publicó —con el consentimiento de Astell— su correspondencia con ella sobre diversos temas teológicos.[1] En sus respuestas a Norris, Astell —tal como había hecho van Schurman unos años antes— aplica el principio fundamental de la antropología teológica (esto es, que las personas hemos sido creadas para dar gloria a Dios) a las mujeres, y deduce —tal y como van Schurman había hecho, pero con más ironía que ella y aplicando los principios cartesianos que van Schurman rechazaba— que la mujer no ha sido creada para el varón, sino para Dios, y que es esta misión la que debe determinar su identidad. De este principio antropológico, Astell extrae explícitas y revolucionarias consecuencias en lo que se refiere a la regulación del matrimonio y a la educación de las mujeres. Tres aspectos propios de la teología feminista contemporánea aparecen en las reflexiones teológicas de Astell:

1. John NORRIS y Mary ASTELL, *Letters concerning the love of God, between the author of the Proposal to the ladies and Mr. John Norris,* Samuel Manship, Londres, 1695.

*a*  el interés explícito por unir pensamiento y acción;
*b*  la aversión a las conceptualizaciones jerárquicas, y
*c*  la caracterización del actuar de Dios como intrínseco e íntimo a la naturaleza humana.

Astell insiste en que Dios no actúa en nosotros «desde fuera», ni distribuye premios y castigos de manera arbitraria:

> Es obvio que el pecado y la pena son dos cosas diferentes; aun así, no puedo concebir el pecado sin incluir en él el mayor dolor y la mayor miseria. Porque el pecado es la causa meritoria de toda miseria, me parece a mí que la pena por el pecado es concomitante al acto; la miseria es inseparable del pecado, y, en este sentido, el pecador es castigado ipso facto.[2]

Astell publicó también tres obras políticas: *Moderation truly stated*, *A fair way with the dissenters and their patrons*, y *An impartial enquiry into the cause of rebellion and civil war in this kingdom*, las tres en 1704. Aparte de las *Letters*, su producción teológica incluye *The christian religion as profess'd by a daughter of the Church of England* (1705) y *An enquiry after wit* (1709).

2. *Ibid.*, carta quinta.

## LAS PRIMERAS DOCTORAS DE EUROPA:
## ELENA CORNARO PISCOPIA, LAURA BASSI
## Y MARIA GAETANA AGNESI

Las autoras del nacimiento de la modernidad
tienden a identificar el *problema de las mujeres* como
un «problema de falta de acceso a la formación intelectual». A sor Juana Inés le fue denegado el acceso a
la universidad, y Anna Maria van Schurman tuvo que
esconderse tras una cortina para asistir a las clases, y
cursó sus estudios sin derecho a examen ni a título.
En 1678 —el año de la muerte de van Schurman y
del veintiocho cumpleaños de sor Juana— la venecia-
na Elena Cornaro Piscopia (1646-1684) se convirtió
en la primera mujer que obtenía el título de doctor en
una universidad europea.[1] Cornaro tenía treinta y dos

1. Recientemente, he sabido que el honor de ser la primera
mujer en obtener el título de doctor en una universidad europea
parece ser que corresponde a la barcelonesa Juliana Morell (1594-
1653). En 1608, esto es, setenta años antes que Elena Cornaro
Piscopia, Juliana Morell obtuvo el título de doctora en derecho

años, y el doctorado fue en filosofía; la universidad, Padua.

Cornaro había sido una niña prodigio empujada por su padre a ser la primera mujer en obtener un doctorado en Europa. Cornaro dominaba siete lenguas —de pequeña, la llamaban *Oraculum Septilingue*—; sus conocimientos científicos eran extraordinarios; su conducta, modélica; su agudeza argumentativa en filosofía y teología, sin rival; y sus dotes musicales, exquisitas. Durante la adolescencia, Cornaro era admirada por todos y debatía con las mentes más célebres del momento en las tertulias públicas que su padre organizaba en su casa. Si hubiera podido escoger, a los veinte años se habría hecho monja benedictina, pero su padre tenía ya decidido su ingreso en la Universidad de Padua. Allí realizó una carrera brillante que culminó con un doctorado en teología. La elección de la teología sí que fue expreso deseo de ella.

En 1677, Cornaro, ante el pleno de doctores de la universidad y gran parte del senado, mantuvo con

---

en la Universidad de Aviñón. Tenía solo catorce años, y tras obtener el doctorado —contra la voluntad de su padre— se hizo monja dominica. La doctora Juliana Morell es la única mujer representada en el Paraninfo de la Universidad de Barcelona. *Cf.* Alba Espargaró y Magda Gassó, «Juliana Morell, una humanista a destemps», en *Aventureres de la història: els altres noms propis de la història de Catalunya*, L'Esfera dels Llibres, Barcelona, 2006, pp. 145-158.

la serenidad y la amabilidad que eran habituales en ella un largo e intenso debate teológico en griego y latín sobre la metafísica de Aristóteles y la teología escolástica con Giovanni Gradenigo y los padres Caro y Fiorello. No obstante, las autoridades eclesiásticas y universitarias se negaron a admitirla en la prueba de doctorado en teología. Ante la insistencia y la indignación creciente de su padre (procurador de la iglesia de San Marcos de Venecia) y de su círculo de influencia, la Universidad de Padua aceptó finalmente que Cornaro se presentara para el título de doctor, pero no en teología, sino en filosofía. El día de la defensa había tanta gente que el acto tuvo que trasladarse a la catedral. Tras obtener el título con grandes honores, Cornaro se hizo oblata benedictina y se dedicó a cuidar a pobres enfermos. Al cabo de seis años, murió de tuberculosis. Sus escritos fueron publicados póstumamente en Parma, e incluían tratados de espiritualidad y sus discusiones filosóficas y teológicas. Sus obras aún no han sido suficientemente estudiadas. No sabemos, por tanto, qué lecciones había extraído Cornaro de su singular experiencia, ni qué pensaba de la situación de las mujeres de su tiempo ni de la voluntad de Dios sobre ellas.

En 1733, en pleno siglo de las luces, Europa celebró, también en Italia, y aún con más pompa, a su segunda doctora, Laura Bassi (1711-1778). En reconocimiento a la excepcionalidad del hecho que una mujer obtuviera el título de doctor, la ciudad de Bolonia acuñó unas medallas conmemorativas con su imagen como encarnación de la diosa Minerva, y poetas de toda Europa le dedicaron sus mejores versos. Esta vez, el promotor de la niña superdotada no había sido su padre, que era un honesto abogado sin muchas influencias, sino el poderoso cardenal-arzobispo de Bolonia, Próspero Lambertini, futuro papa Benedicto XIV. Después de que el médico de su familia y profesor de anatomía de la facultad Gaetanno Taconi descubriera las dotes intelectuales de Bassi y la instruyera en secreto desde los trece a los veinte años, Lambertini la tomó bajo su protección y organizó un debate muy concurrido en el Palazzo Pubblico, durante el cual Bassi defendió cuarenta y nueve tesis filosóficas contra Taconi y cuatro profesores más de la universidad. Al año siguiente, Bassi obtuvo el doctorado en física. Tenía veintidós años.

Está claro que Cornari y Bassi fueron utilizadas al servicio de los intereses de los varones que las protegían. Bassi, sin embargo, que vivió medio siglo más tarde que Cornaro y que se pudo beneficiar de la experiencia de su antecesora, no se dejó manipular tan fácilmente y maniobró toda la vida con plena conciencia de su situación para poder tomar su destino en sus manos. Después de obtener el doctorado, en lugar de retirarse de la vida pública como había hecho Cornaro, Bassi pidió a la universidad que le asignara una responsabilidad docente y que le pagara un sueldo. Esto —con gran escándalo de muchos de sus colegas y antiguos admiradores, que consideraban que con ello le robaba el puesto de trabajo a un varón que seguramente se lo merecía y, sobre todo, lo necesitaba más que ella— se le concedió después de que el futuro papa Benedicto XIV decidiera que sería una atracción para la ciudad dejar que Bassi diera clases una o dos veces al año y siempre en ocasiones solemnes. Bassi solo podía dar clase tras recibir una invitación expresa por parte del cardenal-arzobispo. Antes de que empezara su clase, Bassi tenía que escuchar los discursos preparados para la ocasión, que alababan su carácter singular entre las mujeres y el carácter singular de la ciudad de Bolonia y de su universidad, capaces de presentar al mundo un prodigio como este: una mujer, profesora en la universidad.

A los veintiocho años, Bassi se casó con un colega, físico como ella. Este fue un golpe duro para los admiradores que con tanto entusiasmo la habían celebrado, cuando podían proyectar en ella un ideal de sabiduría y pureza virginal. Bassi se había liberado del rol de virgen-pura con la única solución supuestamente al alcance de las mujeres de su tiempo, esto es, asumiendo el rol de esposa-madre. Todo el mundo creía que Bassi había intercambiado el pedestal público por el del hogar, y que el matrimonio sería el final de su carrera. Y, sin embargo, Bassi, después de casarse, lejos de abandonar su interés por la ciencia y sus pretensiones profesionales, pidió una subvención a la universidad para montar en su casa un laboratorio de electricidad, y un aumento de sueldo para poder hacerse cargo de los gastos del mismo. El resultado de su persistente gestión finalmente fue positivo. Bassi tuvo ocho hijos y crió a los cinco que sobrevivieron mientras llevaba a cabo una investigación pionera en su laboratorio, y los mejores científicos del momento pasaban por su casa para discutir de física con ella. La universidad siguió pagándole el sueldo y su casa se convirtió en su aula, donde regularmente daba clase —sin discursos ni pompas— a los estudiantes de física más avanzados.

La obra escrita de Bassi incluye un libro de filosofía —que critica los apriorismos subjetivistas de Descartes a favor del positivismo de Newton— y veintiocho artículos científicos: trece de física, once de hidráulica, uno de mecánica, uno de química y dos de matemáticas. Cuando tenía sesenta y cinco años, la Universidad de Bolonia le concedió la cátedra de física experimental, y durante los últimos años de su vida Bassi enseñó con relativa normalidad en la universidad que tan excepcionalmente había celebrado su doctorado más de cuarenta años antes. Bassi —como santa Teresa— creó escuela: las universidades italianas han sido siempre las que más profesoras de física han tenido de todas las universidades del mundo. Actualmente, el porcentaje de mujeres que son profesoras universitarias de física es cinco veces más elevado en Italia que en Inglaterra o en los Estados Unidos (un 25 % *versus* menos de un 5 %).

Mientras Bassi estudiaba los fenómenos eléctricos, el cardenal Lambertini, que entonces ya se había convertido en el papa Benedicto XIV, intentó reclutar para la Universidad de Bolonia a otra científica preeminente, la matemática milanesa Maria Gaetana Agnesi (1718-1799). En 1727, mientras en Bolonia la adolescente-prodigio Bassi de dieciséis años era instruida por Taconi aún en secreto, en Milán, la niña-prodigio de nueve años, Agnesi, empujada y tutelada por su padre, había pronunciado un discurso en latín de más de una hora en defensa del acceso de las mujeres a la educación superior, y había mantenido después un animado debate con los profesores que habían acudido a escucharla. El discurso lo había escrito en italiano uno de sus tutores, y la niña, antes de aprendérselo de memoria, lo había traducido al latín (el discurso se publicó con el título *Oratio qua ostenditur artium liberalium studia fæmineo sexu neutiquam abhorrere*).

Cuando Bassi obtuvo su doctorado, Agnesi tenía quince años. A los veinte años, Agnesi publicó *Propositiones philosophicæ* (1738), obra que contenía ciento noventa y una tesis, la mayoría en defensa de la nueva filosofía natural de Newton, que Agnesi debatía con eruditos de toda Europa en las tertulias organizadas por su padre en su casa. A los treinta años, Agnesi publicó un libro de matemáticas que era la primera obra científica capaz de sintetizar y tratar conjuntamente el cálculo diferencial y el integral (*Instituzioni analitiche ad uso della gioventu italiana,* 1748). Al cabo de un año de su publicación, la obra de Agnesi fue reconocida por la Academia de Ciencias de París como el mejor tratado de matemáticas existente, tanto por la síntesis de los conocimientos precedentes como por las aportaciones originales.

Entre estas aportaciones originales está la descripción de una curva cónica que hoy se conoce bajo el nombre de *la bruja de Agnesi* a causa de una confusión de la traducción al inglés del original italiano: el traductor John Colson —catedrático de matemáticas en Cambridge y traductor al inglés de las obras latinas de Newton— confundió *la versiera* (nombre de una cuerda marinera que tiene un giro que recuerda la curva cónica) con *l'aversiera* (que significa 'la bruja'). Teniendo en cuenta lo que queda dicho en el capítulo VI sobre las brujas como encarnación de las

mujeres que en lugar de reforzar la supuesta superioridad masculina la ponen en entredicho, podemos sos-
pechar que no debe de ser casual que la confusión de
Colson haya perdurado hasta hoy. Tampoco no debe
de ser casual que en la mayoría de biografías de Agnesi
constara —y en algunas aún conste, como por ejemplo la del *Dictionary of Scientific Biography,* Scribner,
Nueva York, 1990, 2.ª ed.— que su padre era profesor
de matemáticas en la Universidad de Bolonia, cuando
en realidad era un hombre de negocios dedicado al
comercio de la seda (y a la promoción de su primo-
génita; cabe decir que Maria Gaetana Agnesi era la
mayor de veintiún hermanos).

La atribución de los méritos o de la obra de una
mujer a un varón cercano a ella es un fenómeno re-
lativamente frecuente. En el caso de la abadesa Hildegarda de Bingen, hasta que no se pudo demostrar
que las obras posteriores a la muerte de su escribano
eran de la misma calidad que las anteriores, se sospe-
chó que las obras de ella eran en realidad obras de él
o que, como mínimo, el escribano la había ayudado
sustancialmente. También en el caso de la humanista
castellana Oliva Sabuco (Albacete, 1562), autora de un
sorprendente y valioso tratado de medicina renacen-
tista (*Nueva filosofía de la naturaleza del hombre, no
conocida ni alcançada de los grandes filósofos antiguos:
la qual mejora la vida y la salud humana,* 1587) que

pretende integrar cuerpo y espíritu previniendo y tratando los sentimientos negativos que hay en la base de muchas patologías, ha habido dificultades a la hora de reconocer su autoría. En palabras del filósofo José Biedma:

> En tiempos más recientes se ha pretendido sustraer a doña Oliva la maternidad de la *Nueva filosofía,* para dársela a su padre, el bachiller Sabuco, en algún caso con el peregrino argumento de que tanto talento resulta inconcebible en una mujer. Ni Menéndez Pelayo ni Feijoo dudaron de la autenticidad de la firma de este raro monumento de la prosa didáctica castellana del Renacimiento.[2]

La escritora mallorquina Maria Antònia Oliver explica que vivió en 1970 una situación similar. Después de haber regalado su primera novela a una tía suya, esta le pidió que la firmara, y después le pidió al marido de Oliver —Jaume Fuster— que también la firmara él: «¿Yo? —dijo el marido— ¿Por qué tengo que firmar yo, si la novela la ha escrito ella?» «Venga, va —le contestó la tía con una sonrisa cómplice—, no me harás creer que Maria Antònia ha escrito un libro ella sola.»

---

2. José BIEDMA LÓPEZ, «Doña Oliva Sabuco», extraído de la página web <www.cibernous.com/autores/biedma/teoria/filrenac/sabuco.html> (última consulta: marzo del 2011).

En 1750, la Universidad de Bolonia, a instancias de Benedicto XIV, nombró a Agnesi catedrática de matemáticas y filosofía natural, cátedra que, por lo que parece, no llegó a ocupar nunca, porque, tras la muerte de su padre, Agnesi sustituyó las matemáticas por la teología —con predilección por la patrística— y se dedicó al servicio de las personas abandonadas, enfermos terminales y dementes, en el Hospicio Trivulzio de las monjas azules de Milán, institución que dirigió hasta su muerte, a la edad de ochenta y un años. De joven, Agnesi había querido ser monja. Renunció a ello ante la oposición frontal de su padre, pero solo después de que este accediera a respetar las tres condiciones que Agnesi le impuso: que le permitiera vestir con sencillez, que le permitiera abstenerse de los actos sociales y de las fiestas, y que le permitiera ir a la iglesia siempre que lo deseara. Con un objetivo y unos resultados muy diferentes de Bassi, Agnesi también tomó su vida en sus manos, en la medida en que sus circunstancias se lo permitieron.

## REFLEXIONES FINALES

LA LUCHA POR DEMOSTRAR la capacidad intelectual de las mujeres y por romper el tabú que les impedía el acceso a la educación superior ha caracterizado el nacimiento de la modernidad. La tarea de la teología feminista en esta etapa ha sido la de desenmascarar este tabú como contrario a la voluntad de Dios, y afirmar, en cambio, que Dios ha creado a las mujeres y a los varones iguales en inteligencia, y que espera de ambos que desarrollen al máximo sus talentos y los pongan al servicio del bien común.

Van Schurman, Cornaro, Bassi y Agnesi son las primeras mujeres que pisan las aulas universitarias europeas. Son mujeres que acceden a un ámbito considerado hasta entonces exclusivamente masculino. Estas pioneras abrieron el camino para muchas otras. Hoy en día resulta un hecho muy normal que una mujer sea estudiante en la universidad, y también que sea profesora en la universidad. Aún es un poco excepcional que sea rectora o presidenta. En febrero del 2007, la Universidad de Harvard nombró a la primera mujer presidenta. El honor recayó en la historiadora Drew Gilpin Faust, después de que su antecesor Lawrence Summers fuera obligado a dimitir por haber afirmado públicamente que las mujeres están menos capacitadas que los varones para el estudio de las ciencias.

Esta anécdota tan reciente, ocurrida en el seno de una universidad de tanto prestigio, nos lleva a la cuestión de fondo que ha dominado nuestra exposición: el *problema de las mujeres* ha ido cambiando de forma a lo largo de la historia, pero no ha desaparecido. Algunas mejoras han sido espectaculares, pero el conflicto permanece: la pregunta sobre «cuál es el lugar de las mujeres» continúa viva, y las mujeres que desean moverse con libertad siguen encontrando más dificultades que los varones.

Las culturas y las sociedades premodernas tendían a pensar que las mujeres eran inferiores a los varones en humanidad y que la recta ordenación de la sociedad exigía que las mujeres vivieran sometidas a los varones en todos los ámbitos —el varón podía disponer incluso de la vida de las mujeres a su cargo.

Con el advenimiento de la modernidad, como hemos visto, la capacidad de razonar y de tener criterio propio pasó a constituir el núcleo de la definición de persona; en esta etapa se considera a las mujeres como inferiores en el ámbito de la inteligencia. A diferencia de la etapa anterior, durante esta etapa las mujeres tienden a ser consideradas más religiosas que los varones, pero esto es porque la religión empieza a perder prestigio ante la capacidad analítica y racional.

En la etapa de consolidación de la modernidad, la lucha se desplazará de la racionalidad a la libertad. En el momento cumbre de la modernidad no será ya la capacidad de razonar —que se presupone— la que se sitúa en el núcleo de la persona, sino su libertad, su autonomía, la capacidad de actuar de acuerdo con lo que se piensa. «Decidir por mí mismo, aunque me equivoque», pasará a ser considerado más humano que «hacer lo que es correcto por mandato de otro». En esta etapa, las mujeres se caracterizan por ser menos libres que los varones, se las considera seres más pasivos y dependientes.

En esta etapa plenamente moderna y como contraste con lo que acabamos de describir, se producirá el descubrimiento del óvulo (Van Baer, 1827). Este descubrimiento permitirá que, por primera vez, se reconozca que las mujeres contribuyen de manera tan activa como los varones a la reproducción de la especie. Hasta 1827 se creía que el varón aportaba la semilla (semen) y la mujer el recipiente (matriz). El varón era la lluvia que fecunda y la mujer, la tierra que es fecundada. El varón era activo y la mujer, pasivorreceptiva. El varón determinaba y la mujer se dejaba determinar. El descubrimiento del óvulo representó, en este sentido, una verdadera revolución al dejar claro que la biología de la determinación genética es estrictamente igualitaria: el 50 % del material genético proviene de su padre y el otro 50 % de su madre. Cuando este equilibrio se rompe, aparece la enfermedad o la muerte.

Mayo de 1968 se suele considerar la fecha a partir de la cual se pone de manifiesto de manera clara el derrumbe de la hegemonía del ideal moderno: la razón humana queda en entredicho cuando se constata que el siglo XX ha sido el más sangriento de la historia; la autonomía humana queda en entredicho en los estudios que demuestran el carácter contradictorio y la extrema manipulabilidad de aquello que solemos identificar como «nuestra libertad». En el contexto de esta crisis, se tiende hoy a considerar a las mujeres portadoras de los valores capaces de redimir a la humanidad y devolverle el equilibrio perdido.

Así como la modernidad ha tendido a restringir el acceso de las mujeres al ámbito público por considerarlas menos libres, la posmodernidad tiende a hacerlas responsables del ámbito doméstico por considerarlas más amorosas. El discurso más o menos hostil hacia la actividad pública y favorable a su retorno al hogar aparece precisamente en el momento en que, gracias a los anticonceptivos, las mujeres pueden responsabilizarse de un modo nuevo de la propia maternidad y pueden hacer compatible la vida de pareja y la vida laboral. Junto al descubrimiento del óvulo, el descubrimiento de la píldora (sintetizada en 1951 en México por el químico Luis Miramontes y desarrollada en los EUA gracias a la bióloga Katherine McCormick) ha resultado decisivo para hacer avanzar el *problema de las mujeres* —y, con él, la historia de la humanidad— hacia una nueva etapa. En esta nueva etapa, la teología feminista se ha constituido como disciplina académica por derecho propio y se ha diversificado.

Sintéticamente, podríamos caracterizar el papel de la teología feminista a lo largo de la historia del modo siguiente:

*a* En el ámbito de las sociedades premodernas, la teología feminista afirma que Dios ha creado a las mujeres y a los varones iguales en dignidad: no es Dios quien considera a las mujeres menos espirituales que los varones.

*b* Durante el nacimiento de la modernidad (siglos XV-XVIII), la teología feminista afirma que Dios ha creado a las mujeres y a los varones iguales en inteligencia y espera de ambos que hagan rendir al máximo los talentos que les ha dado; no es Dios quien prohíbe el acceso de las mujeres a la educación superior.

*c* Durante la consolidación de la modernidad (siglos XIX-XX), la teología feminista afirma que Dios ha creado a las mujeres y a los varones iguales en libertad y en capacidad de intervenir en el ámbito público; no es Dios quien prohíbe el acceso de las mujeres a la política, a las profesiones remuneradas o al sacerdocio.

*d* En la posmodernidad (siglos XX-XXI), la teología feminista afirma que Dios ha creado a las mujeres y a los varones iguales en amor y en la capacidad de intervenir en el ámbito doméstico; no es Dios quien adjudica preferentemente a las mujeres las tareas del hogar o el cuidado de los niños y de las personas enfermas o ancianas.

Hoy en día encontramos aún abiertas en el mundo todas estas luchas. En el conjunto de las sociedades occidentales, las tesis premodernas están poco presentes. Rara es la persona, mujer o varón, que afirme en nuestro entorno que las mujeres son inferiores en dignidad a los varones o que son menos espirituales. El peligro es más bien lo contrario. En un movimiento compensatorio reactivo y reduccionista, hay en nuestro entorno quien cree que las mujeres son más dignas, espirituales o cercanas a Dios que los varones, precisamente porque las considera más emocionales que racionales, más amorosas.

La tarea de la teología feminista de hoy es la de abrir caminos para que podamos entre todos construir unas sociedades que, además de basarse en la igualdad en dignidad, en inteligencia y en libertad de las mujeres y los varones, se sustenten también en la igualdad en la capacidad de amar, ya que, tal como expresa la conocida frase de san Agustín «Ama y haz lo que quieras», el amor y la libertad son indisociables. Esta frase no es una contradicción ni apunta hacia una doble moral. Es la afirmación más concisa de la verdad de nuestro ser personal: solo desde la libertad se puede amar; solo desde el amor se puede ser libre. La libertad no precede al amor, pero tampoco el amor precede a la libertad. Tanto si soy mujer como si soy varón, mi medida de amor es igual a mi medida de libertad. El paralelismo es estricto y no admite excepción: tanto amor tengo, tanta libertad tengo; tanta libertad tengo, tanto amor tengo. La transformación del mundo presente y el advenimiento del Reino de Dios que da sentido a nuestra historia pasan, no solo por la proclamación teórica, sino sobre todo por la experiencia práctica, en la vida de cada mujer y de cada varón, de esta verdad. Recordemos las palabras de Rabi'a al-Basri, ya citadas: «Quien ha experimentado, sabe; quien explica, miente.»

# BIBLIOGRAFÍA COMENTADA

ALEMANY DE PÁNIKER, Carme, «La Dona del demà», *Qüestions de Vida Cristiana*, núm. 28 (1965), pp. 56-66. La madre de los pensadores Raimon Panikkar y Salvador Pániker reflexiona sobre el papel de las mujeres en la Iglesia y la sociedad. Refleja el ambiente de apertura eclesial que se respiraba justo al acabar el Concilio Vaticano II.

ARANA, María José, *La clausura de las mujeres. Una lectura teológica de un proceso histórico,* Mensajero, Bilbao, 1992. Estudio exhaustivo y riguroso basado sobre todo en las comunidades del País Vasco durante la Contrarreforma (siglos XVI y XVII).

ARENAL, Electa, y Stacey SCHLAU, «"Leyendo yo y escribiendo ella": The convent as intellectual community (1989)», *Letras Femeninas,* vol. 32, núm. 1 (verano del 2006), pp. 129-147. Breve artículo de dos de las autoras que más han estudiado la vida monástica del siglo de oro castellano desde la perspectiva feminista.

CARBONELL, Neus, *La dona que no existeix. De la Il·lustració a la globalització,* Eumo, Vic, 2003. Análisis político y literario de la evolución de la conciencia feminista desde los inicios de la modernidad hasta hoy.

CLIFFORD, Anne M., *Introducing feminist theology*, Orbis Books, Maryknoll (Nueva York), 2001. Introducción a la teología feminista cristiana que incluye capítulos muy valiosos sobre la historia reciente.

GÓMEZ-ACEBO, Isabel (ed.), *La mujer en los orígenes del cristianismo*, Desclée de Brouwer, Bilbao, 2005. Incluye un capítulo sobre las mujeres en el islam.

LLOYD, Genevieve, *The man of reason. «Male» and «female» in Western philosophy*, Methuen, Londres, 1984. Un análisis histórico de la persistente correlación entre el concepto *mujer* y la noción de *irracionalidad* propia de la tradición filosófica occidental.

PARSONS, Susan Frank (ed.), *The Cambridge companion to feminist theology*, Cambridge University Press, Cambridge, 2002. Introducción reciente a la teología feminista cristiana que incluye un capítulo histórico muy valioso de Rosemary Radford Ruether, considerada una de las pioneras indiscutibles de la teología feminista académica de la segunda mitad del siglo XX.

PATEMAN, Carole, *The disorder of women*, Polity Press, Cambridge, 1989. Incluye ensayos innovadores sobre el lugar de las mujeres en las teorías políticas del contrato social.

RIVERA GARRETA, María Milagros, *La diferencia sexual en la historia*, Universidad de Valencia, Valencia, 2005. Más allá del paradigma social pero no en su contra, la autora explora las posibilidades de hacer historia desde las particularidades del amor y de la subjetividad individual.

Rusiñol, Santiago, «Monòleg feminista» (1903), en *Obres completes,* Selecta, Barcelona, 1973. Este monólogo, estrenado en el Teatro Romea de Barcelona el 16 de marzo de 1903 por Anna Monné, refleja la fuerza del feminismo y de sus estereotipos en la Cataluña de inicios del siglo xx.

San Bartolomé, Ana de, *Obras completas de la Beata Ana de San Bartolomé,* edición crítica preparada por Julián Urkiza, 2 vols., Teresanium, Roma, 1981-1985. Edición crítica de la obra completa de una de las autoras más representativas de la escuela teresiana.

San Félix, Marcela de, *Literatura conventual femenina: Sor Marcela de San Félix, hija de Lope de Vega. Obra completa,* edición de Electa Arenal y Georgina Sabat de Rivers, prólogo de José M.ª Díez Borque, Producciones y Promociones Universitarias, Barcelona, 1988. Edición crítica de la obra completa de una de las autoras más originales y literariamente mejor dotadas de la escuela teresiana.

Trible, Phyllis, *Texts of Terror: Litery-feminist readings of biblical narratives,* Fortress Press, Filadelfia, 1984. Una obra de referencia de una de las pioneras en teología bíblica feminista; la autora es conocida por su erudición y por la fuerza y calidad literaria —y evocadora— de sus interpretaciones.

Weber, Alison, *Teresa of Avila and the rethoric of feminity,* Princeton University Press, Princeton, 1990. Estudio de los recursos utilizados por santa Teresa para expresar su condición de mujer y para tomar postura crítica ante el discurso oficial de su tiempo sobre la feminidad.